LOUVRE

Museumsführer

LOUVRE
éditions

Der Louvre
– 800 Jahre Geschichte

Der Louvre mit seinen 403 Sälen und seinen Zehntausenden von Werken, die bis auf das Jahr 8000 v. Chr. zurückgehen, ist ein Museum mit einer langen Geschichte.

Am Anfang war ... eine Festung
Der Louvre, der auf Veranlassung von Philipp August errichtet wurde, sollte im westlichen Teil die 1190 gebaute Festungsmauer stärken, um Paris, Hauptstadt des Königreichs Frankreich, zu schützen. Das am Punkt « Lupara », aus dem sich der Name des Louvre ableitet, errichtete Schloss war demnach ein vorgeschobener Verteidigungsposten, um den herum sich eine städtische Siedlung außerhalb der Festungsmauer gebildet hat, bevor es schließlich zur Residenz der französischen Herrscher wurde. Der Hundertjährige Krieg bewirkte, dass Étienne Marcel 1356 eine neue Stadtmauer um die Viertel am rechten Seine-Ufer baute, die den Louvre an die städtische Siedlung angliederte. Das Schloss wurde unter Karl V. von dem Architekten Raymond du Temple zu einer königlichen Residenz umgebaut, stand dann aber ein Jahrhundert lang leer.
Mit Franz I., der sich 1528 dort niedergelassen hat, erlangte der Louvre das Profil und die Größe einer königlichen Residenz. Der König, der ein großer Bauherr und Mäzen war, ließ unter der Leitung von Pierre Lescot große Umbauarbeiten vornehmen: Letzterer entwarf anstelle des mittelalterlichen Westflügels ein Gebäude im Renaissance-Stil, das von Jean Goujon dekoriert wurde. Heinrich II. setzte die Bauarbeiten fort und veranlasste die Einrichtung des Kariatiden-Saals im Erdgeschoss, der festlichen Anlässen dienen sollte. Seine Witwe, Katharina von Medici, beschloss den Bau des weiter westlich gelegenen Tuilerienpalastes nach den von Philibert Delorme entworfenen und von Jean Bullat weiterbearbeiteten Plänen. Doch die Arbeiten wurden nie beendet.
Im 17. Jh. wurde das architektonische Programm der Renaissance fortgesetzt, aber in monumentalem Maßstab aufgearbeitet. Unter Heinrich IV. wurde beschlossen, das Louvre-Schloss mit dem Tuilerienpalast über eine fast 1,5 km lange Galerie entlang der Seine zu verbinden, deren Bau von 1595 bis 1609 dauerte. Unter Ludwig XIII. wurde durch Jacques Lemerciers Bau des Pavillon de l'Horloge die Fläche der Cour Carrée vervierfacht. Die Bauarbeiten dieses Vierecks wurden nach langem Hin und Her erst unter Ludwig XIV. abgeschlossen.

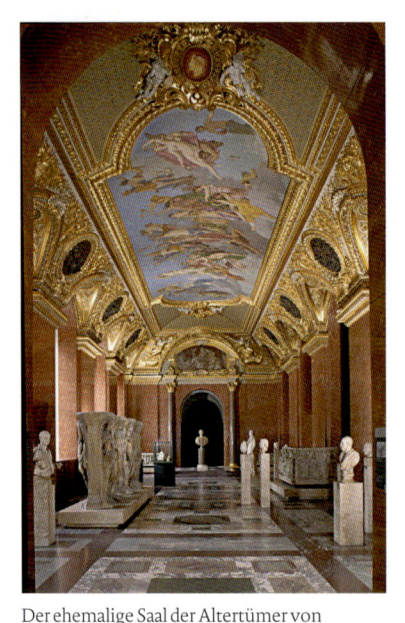

Für den Entwurf des Ostflügels der Cour Carrée, der als Eingang des Palais fungierte, wurde ein internationaler Wettbewerb organisiert, den der berühmte italienische Künstler Bernini gewann. Doch schließlich wurde ein von Louis Le Vau, Charles Le Brun und Claude Perrault entworfenes, französisches Projekt verwirklicht, das zur berühmten Kolonnade führte. Neben diesem Großprojekt wurden unter Ludwig XIV. zahlreiche Umbau- und Dekorationsarbeiten vorgenommen: Die Dekoration der Gemächer der Königinmutter Anna von Österreich, das Gewölbefresko und die Deckenskulpturen der Apollo-Galerie, der Ausbau und die Modernisierung des Tuilerienpalastes durch Louis Le Vau sowie die Umgestaltung des Tuilerien-Gartens durch André Le Nôtre. Als Ludwig XIV. Paris verließ, wurde der Louvre in unvollendetem Zustand als Baustelle zurückgelassen; in den bewohnbaren Teilen wurden die akademischen Institutionen, Künstler oder Beamte des Königs untergebracht. Ab jenem Zeitpunkt wurden das Mobiliar und die Kunstgegenstände in die anderen königlichen Residenzen transferiert, und die umfangreichen Dekorationen verwitterten, so dass heute nur noch Spuren davon zu erkennen sind. Ab dem 18. Jh. glich der Louvre eher einem Tempel der Wissenschaften, der Künste und des guten Geschmacks als einem königlichen Schloss. Ab 1725 fand in ihm alle zwei Jahre ein Salon, ein großes Ereignis des europäischen künstlerischen Lebens, statt, in dem die Mitglieder der Akademie ihre Werke ausstellten.

Der ehemalige Saal der Altertümer von Heinrich IV.
☞ Abteilung der griechischen, etruskischen und römischen Sammlung, Erdgeschoss, Saal 27

Die Eröffnung des Museums im Jahr 1793

Unter Ludwig XVI. entwickelte sich die museale Berufung des Louvre: Ein Teil der königlichen Gemäldesammlung sollte in der Grande Galerie ausgestellt und der Öffentlichkeit zugänglich gemacht werden. Jedoch musste die Revolution abgewartet werden, bis das Projekt in die Tat umgesetzt wurde. Ab 1789 fungierte der Tuilerienpalast nach der erzwungenen Rückkehr von Ludwig XVI. und seiner Familie nach Paris erneut als königliche Residenz. Nach dem Sturz der Monarchie ließen sich der Nationalkonvent und die Exektivausschüsse in dem Schloss nieder, das während des gesamten 19. Jh.s Sitz der französischen Staatsmacht blieb. Der Louvre wurde schließlich Gegenstand des

Die Apollo-Galerie.
☞ Abteilung Kunsthandwerk, 1. Stock, Saal 66

Museumsprojektes, das unter Ludwig XVI. entwickelt worden war. Am 10. August 1793 öffnete das Museum seine Tore. In Bälde erlangten seine Sammlungen dank zahlreicher Beschlagnahmungen von Emigrantenbesitz und Werken, die später im Rahmen der Expeditionen von Napoleon I. nach Frankreich gelangten (Letztere wurden nach dem Sturz des Kaisers 1815 zu ihrem Ursprungsort zurückgebracht) einen unvergleichlichen Umfang.

Der Kaiser, der im Tuilerienpalast residierte, trug mit seinen Architekten Charles Percier und Pierre François Léonard Fontaine wesentlich zur Entfaltung des Louvre bei. Er ernannte den Künstler und Diplomaten Vivant Denon zum Direktor des Museums und bereicherte dessen Bestände durch den Ankauf der größten Altertümersammlung, die damals im Besitz seines Schwagers, des Prinzen Borghese, war. Die ägyptische Abteilung entwickelte sich unter Federführung von Karl X. und dem ersten Konservator der Abteilung, dem Ägyptologen Jean-François Champollion. Von 1852 bis 1857 wurde das Viertel, das den Louvre vom Tuilerienpalast trennte, im Rahmen des haussmannschen Umbaus der Stadt Paris abgerissen und durch einen neuen Monumentalhof mit umsäumenden modernen Gebäuden ersetzt, die von Louis Visconti und Hector Lefuel entworfen wurden. Die Gebäude auf der Seite der Rue de Rivoli wurden in diesem neuen Louvre verschiedenen

Der Grande Galerie.
☞ Gemäldeabteilung, Denon-Flügel, 1. Stock

Verwaltungen zugeteilt (dem Staatsministerium und nach dem Sturz des Kaiserreichs dem Finanzministerium), während das Museum auf der Seine-Seite seine Räumlichkeiten mit dem Hof der Tuilerien teilen musste (kaiserliche Stallungen und Staatensaal für die Legislativsitzungen).

Von den Unbillen der Kommune bis zu den neuen Dependancen

Nach dem Sturz des Kaiserreichs 1870 wurde der Tuilerienpalast während der blutigen Maiwoche, welche die Niederlage der Pariser Kommune markierte, am 23. Mai 1871 auf Befehl des Generals der Pariser Streitkräfte, Jules Bergeret, in Brand gesetzt. Der Louvre wurde nicht in Mitleidenschaft gezogen. Durch den Abriss der Ruinen 1883 wurde die weite Perspektive vom Louvre bis zur Place de l'Étoile frei. Während der Zwischenkriegszeit wurde das Museum auf Initiative des Direktors der Musée nationaux, Henri Verne, radikal modernisiert: Installation der elektrischen Beleuchtung und Einrichtung neuer Räumlichkeiten (Sphinx-Hof und Daru-Treppe). Das Programm wurde durch den Zweiten Weltkrieg unterbrochen, nach dessen Ende große Umbauarbeiten gegenüber museografischen Neueinrichtungen den Vorrang bekamen. So wurde 1964 ein Graben vor der Kolonnade freigelegt. Während der Präsidentschaft von François Mitterand wurde das gesamte Gebäude dem Museum zugeteilt (das Finanzministerium musste aus dem Richelieu-Flügel

Bronzen-Saal mit der Deckendekoration (*The Ceiling*, 2010) von Cy Twombly (1928-2011).
☞ Abteilung der griechischen, etruskischen und römischen Sammlung, Denon-Flügel, 1. Stock, Saal 32

ausziehen), und es wurden großzügige Raumbereiche für den Empfang des Publikumverkehrs geschaffen: Am 30. März 1989 wurden die Hall Napoléon und die von dem Architekten Ieoh Ming Pei entworfene Pyramide eingeweiht. Letztere ist heute das Symbol des Grand Louvre – ein Projekt, dessen Vollendung sehr Michel Laclotte, der es von 1987 bis 1995 leitete, zu verdanken ist. Die Orientierungen des Museums und seine Sammlungen wurden im Jahr 2000 durch die sog. primitive Kunst und 2003 durch die Gründung der Abteilung für islamische Kunst erweitert. Unter Anstoß von Henri Loyrette, Präsident der Einrichtung von 2001 bis 2013, hat sich der Louvre auch außerhalb seiner Pariser Mauern weiterentwickelt: mit seiner Dependance Louvre-Lens, deren Gebäude wir der Agentur SANAA verdanken, und jener von Abu Dhabi, deren Bau Jean Nouvel anvertraut wurde. Diese Ausdehnungen sind Beweis einer sich ständig weiterentwickelnden Geschichte, die durch den Eintritt der zeitgenössischen Kunst in die Institution ihre Bestätigung findet.

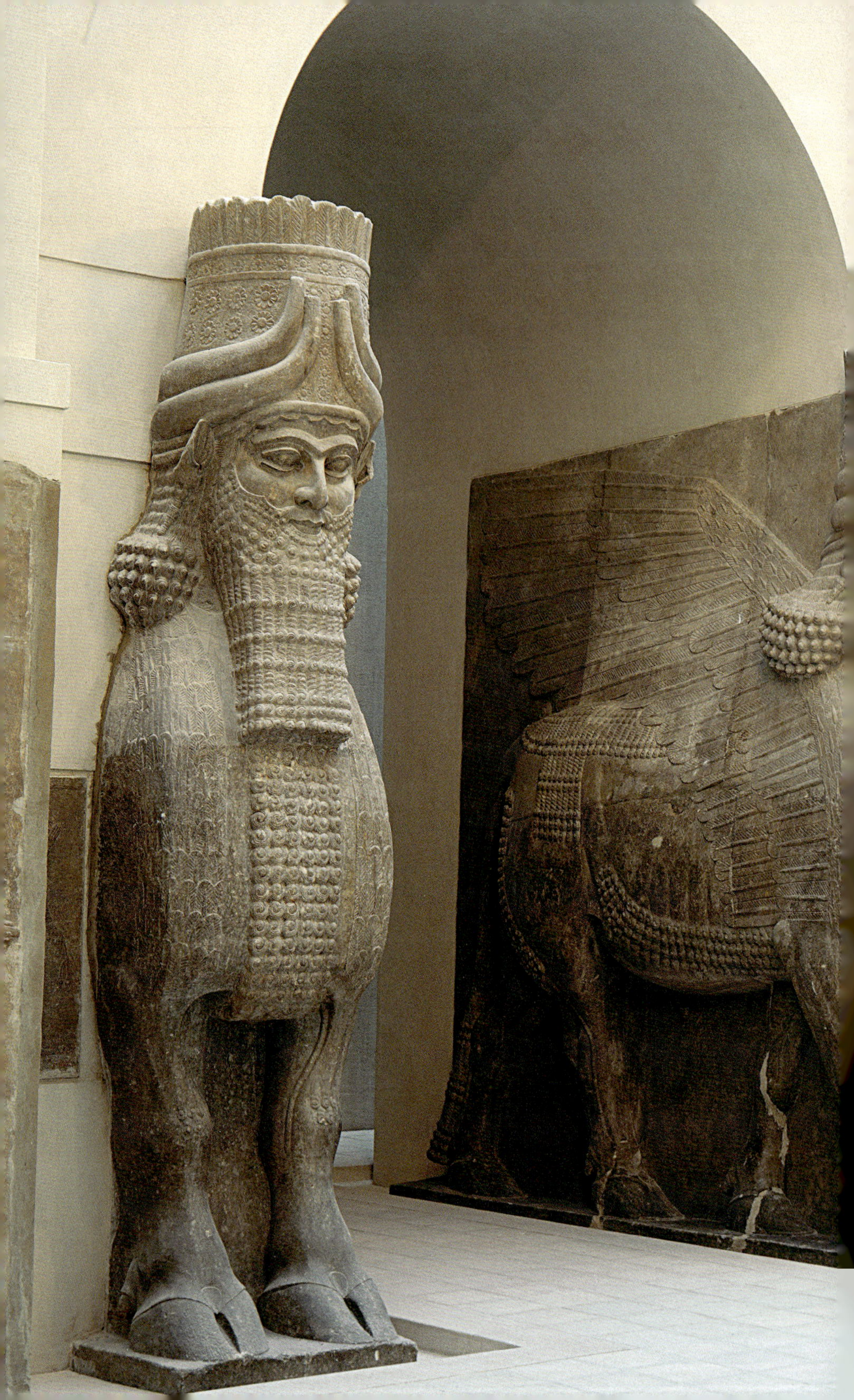

Orientalische Sammlung

Die orientalischen Altertümer stammen von Ausgrabungen, die im 19. Jh. von Gelehrten unternommen wurden, die auf der Suche nach den Quellen der westlichen Kultur in den Orient gereist sind. Die Rekonstituierung des Hofes von Dur Šarrukin (heutiges Khorsabad) mit seinen menschenköpfigen geflügelten Stieren, die zu Ehren des assyrischen Königs Sargon II. geschaffen wurden, bestätigt die aktive Rolle des Museums bei der Wiederentdeckung der vergessenen Zivilisationen des Orients. Diese archäologischen Funde führten 1847 zur Gründung eines assyrischen Museums im Louvre. Zahlreiche Expeditionen unter der Federführung von Félicien de Saulcy (Türkei, Ägypten, Palästina, Syrien) oder Ernest Renan (Libanon) bereicherten diese ersten Entdeckungen. Die an der archäologischen Stätte Tello im südlichen Mesopotamien ausgegrabenen sumerischen Werke erlaubten 1881 die Einrichtung einer Abteilung. 1884-1886 nahmen Marcel Dieulafoy und seine Gattin im Auftrag des Louvre umfangreiche Ausgrabungen an der Stätte Susa, der ehemaligen Hauptstadt des Perserreichs, im Iran vor.
Der museografische Rundgang, der eine Periode von neuntausend Jahren von der Urgeschichte bis zur islamischen Epoche abdeckt, ist in drei geografische Bereiche eingeteilt, die chronologisch strukturiert sind. Der Bereich, der Mesopotamien, d.h. dem Zweistromland zwischen Euphrat und Tigris gewidmet ist, präsentiert u.a. den *Codex Hammurabi*, ein symbolisches Monument der babylonischen Kultur. Der Rundgang geht weiter mit dem Perserreich, das bis Zentralasien und in die Regionen westlich des Euphrats reichte. Hier kann man die Reichtümer der Stadt Susa bewundern, insbesondere die herrlichen Friese, die den Palast von Dareios I. zierten. Er schließt mit der Levante (dem heutigen Syrien, Libanon, Israel), zu der Zypern, Anatolien, die arabische Halbinsel und Nordafrika gehören.

Mesopotamien

Die orientalische Sammlung

Statue des Intendanten Ebih-Il, Ištar-Tempel, Mari, Syrien, um 2400-2450 v. Chr.
Alabaster, 52,5 × 20,6 × 30 cm
☞ Richelieu-Flügel, Erdgeschoss, Saal 1b

Diese Beterstatue wurde in einem Tempel gefunden, welcher der Liebes- und Kriegsgöttin Ištar geweiht ist. Die Gläubigen des Königreichs Mari hinterlegten ihr Bildwerk in dem Tempel, um ihrem Gebet an die Göttin Dauer zu verleihen. Der Würdenträger ist recht realistisch auf einem Hocker sitzend, mit einer *Kaunakes* bekleidet und mit blauen Augen aus Lapislazuli dargestellt.

Relief des Ur-Nanše, Prinz von Lagaš, Tello (früher Girsu), Stadtstaat Lagaš, Irak, um 2550 v. Chr.
Kalkstein, 39 × 46,5 × 6,5 cm
☞ Richelieu-Flügel, Erdgeschoss, Saal 1a

Dieses Basrelief mit einem Loch in der Mitte stellt zwei Szenen dar: Die Zeremonien anlässlich der Gründung und der Einweihung eines Tempels, die unter der Federführung von Ur-Nanše, dem Gründer der ersten Dynastie von Lagaš, stattfanden. Der von seinem Mundschenk, Würdenträgern und Mitgliedern seiner Familie begleitete sumerische Herrscher ist im Vergleich zu den anderen Figuren übergroß als königlicher, den Göttern huldigender Bauherr dargestellt.

Siegesstele des Eannatum, König von Lagaš, gen. Geierstele, Tello (früher Girsu), Stadtstaat Lagaš, Irak, um 2450 v. Chr.
Kalkstein, 180 × 130 × 11 cm
☞ Richelieu-Flügel, Erdgeschoss, Saal 1

Dieses Stelenfragment schildert mittels Wort und Bild den triumphalen militärischen Sieg von Eannatum, dem König von Lagaš, über die Feindesstadt Umma. Eine Seite der Stele ist der Beschreibung der menschlichen Taten gewidmet, die andere illustriert den mythologischen Zusammenhang und die Fürsprache der Götter. Trotz ihrer Unvollständigkeit ist diese Stele das älteste uns bekannte historiografische Dokument.

Mesopotamien

Die orientalische Sammlung

Gudea mit wasserverströmendem Gefäß,
Tello (früher Girsu), Stadtstaat Lagaš, Irak,
um 2120 v. Chr.
Dolerit, 62 × 25,60 cm

☞ Richelieu-Flügel, Erdgeschoss, Saal 2

Der sumerische Prinz Gudea des Stadtstaats Lagaš, der ein sehr frommer, großer Bauherr war, widmete einen Großteil seiner Herrschaft der Errichtung und der Restaurierung von Tempeln. Der um seinen Ruf in der Nachwelt besorgte Herrscher ließ in den Sanktuarien seine Bildwerke aufstellen, so z.B. diese Statuette, die ihn mit einem wasserverströmenden Kultgefäß, einem Symbol für Fruchtbarkeit und Großzügigkeit, darstellt.

Kudurru des Königs Meli-Šipak,
Gedenkstein an eine Landschenkung an
seinen Sohn Marduk-apla-iddina, in Susa
gefundene Kriegsbeute,
1186–1172 v. Chr.
Grauer Kalkstein, 65 × 30 cm

☞ Richelieu-Flügel, Erdgeschoss, Saal 3

Der Tod Hammurabis führte in Babylon mit der Dynastie der Kassiten, einer ausländischen Herrscherfamilie, zu einer Zeit der Unruhen. Um die Treue tatkräftiger Männer zu gewinnen, nahmen die Kassiten viele Landschenkungen vor, die durch die Errichtung von Stelen, sogn. Kudurru, bestätigt wurden; Letztere wurden in Tempeln aufgestellt, so dass sie von Mensch wie Gott gesehen werden konnten. Der Stein gedenkt König Meli-Šipaks Landschenkung an seinen Sohn Marduk-apla-iddina.

✴ ❶

Codex Hammurabi, König von Babylon (Detail), in Susa gefundene Kriegsbeute, 1792–1750 v. Chr.
Basalt, 225 × 65 cm
☛ Richelieu-Flügel, Erdgeschoss, Saal 3

Der Codex Hammurabi, welcher der Bibel zeitlich deutlich voranging, ist die älteste und vollständigste Gesetzessammlung des Nahen Orients und gilt darüberhinaus als emblematisches historisches, literarisches und künstlerisches Werk der mesopotamischen Kultur. Am oberen Ende der Stele ist der Sonnengott und Gott der Gerechtigkeit Šamaš bei der Übergabe der Herrschaftsinsignien an Hammurabi, sechster Herrscher der Amoritischen Dynastie und Gründer des ersten Babylonischen Reichs, dargestellt. Der in akkadischer Keilschrift geschriebene Text listet eine Sammlung von Rechtssätzen und -sprüchen des Herrschers zu sämtlichen Bereichen des alltäglichen Lebens des Stadtstaats (Religion, Familie, Sklaven, Arbeit, Handel, Verwaltung usw.) auf. Die als politisches Testament konzipierte Stele, deren Text während der letzten Herrschaftsjahre des Hammurabi verfasst wurde, ist eine unvergleichliche Wissensquelle über eine der glorreichsten Herrschaften im Alten Mesopotamien.

Die orientalische Sammlung

Iran

Apadana-Kapitell, Palast von Dareios I., Susa, Iran, um 510 v. Chr.

Kalkstein, H. 760 cm

☛ Sully-Flügel, Erdgeschoss, Saal 12a

Als Beweis des Machthöhepunkts des Persischen Reichs ließ Dareios I. in seiner Hauptstadt einen gewaltigen Palast errichten, der mit einer von 36 Säulen umsäumten Audienzhalle (*Apadana*) ausgestattet war. Die sich an die ägyptische und ephesische Architektur anlehnenden Säulen schließen mit einem Stierkopf-Kapitell (Kopien eines alten mesopotamischen Motivs) ab. Dieser Überrest ist sinnbildlich für die achemenidische Kunst, die sich durch Verbindung verschiedener Stile kennzeichnet, was wiederum die Vereinigung des Reichs beweisen sollte.

**Bogenschützenfries,
Palast von Dareios I.,
Susa (Iran), um 510 v. Chr.**
Emaillierte Kieselsteinziegel,
H. 200 cm

☞ Sully-Flügel, Erdgeschoss,
Saal 12b

Diese maßstabsgetreue Darstellung eines Bogenschützen-Zugs zierte auf mehrere 100 m die Mauern des Palastes von Dareios I. Die Rekonstitution der am Standort gefundenen, verstreuten polychromen Ziegelsteine verlangte detaillierte Arbeit. Die Friesplatte stellt die im Dienste des Königs stehende persische Elitetruppe im Kontext der politischen Vereinigung dar.

Levante

Idol mit durchbohrten Augen, Nordsyrien, um 3500 v. Chr.
Terrakotta, H. 142 cm
☞ Sully-Flügel, Erdgeschoss, Saal C

Dieser merkwürdige, unter anthropomorphen Plaketten mit überdimensionalen Augen entdeckte Gegenstand, der einen glockenförmigen Körper aufweist und oben mit einem zylindrischen Hals mit durchbohrten Augen abschließt, wurde traditionellerweise der zitierten Objektkategorie zugerechnet und fungierte als Idol. Doch hier handelt es sich wahrscheinlich eher um ein Spinnwerkzeug.

Stele des Gewittergotts Baal, Akropolis in der Nähe des Baal-Tempels, Ra's Šamra (früher Ugarit), Syrien, 15.–13. Jh. v. Chr.
Kalkstein, H. 142 cm
☞ Sully-Flügel, Erdgeschoss, Saal B

Diese Stele wurde in Ugarit, der Hauptstadt eines mächtigen Reichs im 2. Jahrtausend v. Chr., gefunden. Dargestellt ist der wichtigste Schutzgott der Stadt, Baal, in seiner linken Hand einen Speer haltend, aus dem ein Palmzweig sprießt. Der in einem Zeremoniengewand dargestellte König von Ugarit ruft den Wettergott an, der für die Gewitter, die für die Landwirtschaft so wichtig sind, verantwortlich ist

Die orientalische Sammlung

Patera mit Jagdmotiv, Akropolis in der Nähe des Baal-Tempels, Ra's Šamra (früher Ugarit), Syrien, 14.–13. Jh. v. Chr.
Getriebenes Gold, D. 18,8 cm
☞ Sully-Flügel, Erdgeschoss, Saal B

Der Dekor dieser flachen Schale mit vertikalem Rand besteht aus zwei Friesen, die kennzeichnend für die damalige internationale Kunst mit ihren ägyptischen, ägäischen und aus der Levante kommenden Einflüssen sind. Eine Jagdszene, in welcher der Herrscher von Ugarit Stiere und eine junge Kuh (sicherlich Göttersymbole) hetzt, umsäumt die vier Steinböcke auf dem mittigen Medaillon.

Le monde iranien
et ses marges

De l'Espagne
à l'Égypte

Islamische Kunst

Die Eröffnung im Jahr 2012 von zwei neuen, der islamischen Kunst gewidmeten Bereichen, die von Mario Bellini und Rudy Ricciotti in dem mit einem goldenen Glassegel überdachten Visconti-Hof konzipiert wurden, ermöglichte die Präsentation von fast 3.000 Werken. Zwar gab es bereits ab 1893 einen der islamischen Kunst gewidmeten Museumsabschnitt, doch die entsprechenden Sammlungen wurden nacheinander den Abteilungen Kunsthandwerk, Asiatische Kunst (bis zum Umzug der fernöstlichen Werke in das Musée Guimet im Jahr 1945) und der Orientalischen Sammlung angeschlossen, bevor sie schließlich 2003 in eine eigenständige Abteilung mündeten. Einige Objekte, wie z.B. das *Taufbecken des heiligen Ludwig* oder die osmanischen Jade-Schalen von Ludwig XIV. stammen aus königlichen Sammlungen. Doch das Museum hat vor allen Dingen zahlreiche Ankäufe gemacht und wurde seit mehr als einem Jahrhundert durch bedeutende Schenkungen begünstigt. Die 15.000 Museumsstücke (Architekturelemente, Gegenstände aus Elfenbein, Stein, Metall, Glas und Keramik, Textilien, Teppiche und Bücher vom 7. Jh. bis zum 19. Jh.) wurden durch 3.500 Hinterlegungen des Musée des Arts décoratifs bereichert. Der museografische Rundgang ist in große Epochen weitreichender geografischer Regionen von Spanien bis Indien eingeteilt: Die Zeit der umayyadischen und abbassidischen Kalifate (7.-11. Jh.), unter deren Herrschaft die dekorativen Künste eine große Blüte erlebten; die Geburt der Sultanate (11.-13. Jh.), die sich durch die Entwicklung von Metallarbeiten und figürliche Darstellungen kennzeichnen; eine regionale Zerstückelung (13.-15. Jh.), während der sich die Herrschaft der Mamluken entfaltete (eine Epoche, die im Louvre durch ein herrliches Portal vertreten ist); ein prunkvoller künstlerischer Höhepunkt im 16. Jh. und schließlich der Untergang der modernen Reiche unter dem Joch der europäischen Expeditionen.

Ägypten, Spanien, Iran

Islamische Kunst

Pyxis von Al-Mughira, wahrscheinlich Madinat al-Zahra, Córdoba, Spanien, 968
Geschnitztes und graviertes Elfenbein, Gagat-Reste, H. 16 cm, D. 11,8 cm
☛ Denon-Flügel, Zwischengeschoss, Bereich A

Diese aus einem massiven Elfenbeinblock geschnitzte Pyxis ist ein Meisterwerk der Kunst. Ihre aus einer Vielzahl von ineinander verschlungenen Figuren und Details bestehende Ikonografie hat eine politische Dimension: Sie fordert Prinz Al-Mughira – letztgeborener Sohn des Kalifen von Córdoba Abd al-Rahman III. – auf, die legitime Macht der Dynastie der Ummayaden über die Abbassiden in Anspruch zu nehmen.

Himmelskugel, Isfhan (?), Iran, 1145
Gegossenes Messing, graviert und mit Silber inkrustiert, D. 16,5 cm
☛ Richelieu-Flügel, Zwischengeschoss, Saal 5

Die arabischen Gelehrten waren berühmt für ihre Leistungen in den exakten Wissenschaften, insbesondere in der Astronomie, die von den abbassidischen Kalifen gefördert wurde: Die als entscheidend erachtete Himmelskunde ermöglichte denen, die ihrer kundig waren, sich an Land als auch auf See zu orientieren. Die Kugel mit ihren 1025 silbernen Sternpunkten, die ebenso als Kunstgegenstand wie auch als Messgerät fungierte, ist die älteste, die wir aus der östlichen Region der islamischen Welt kennen.

Ehrenportal eines Hauses, Ort gen. „Qasr Rumi", Kairo, Ägypten, um 1475–1500
Geschnitzter Kalkstein
☞ Denon-Flügel, Zwischengeschoss, Bereich B

Das Ehrenportal – ein Überrest aus der von befreiten Militärsklaven gegründeten Mamluken-Dynastie, die vom 13. bis Anfang des 16. Jh.s herrschte, – war einstmals das Eingangstor eines prachtvollen Stadtpalastes in Kairo. Das aus dreihundert Steinen bestehende Tor ist mit Blumenmotiven und geometrischen Mustern verziert. In keinem anderen Museum der Welt gibt es ein ähnlich prachtvolles Beispiel der mamlukischen Gebäudearchitektur.

Iran

Schah Abbas I. und sein Page, signiert Muhammad Qâsim, Iran, 1627
Tuschzeichnung, Farbhöhungen und Gold auf Papier, 27,5 × 16,8 cm

Abbas I. der Große, der bemerkenswerteste Herrscher der Dynastie der Safawiden, stellte durch seine miltärischen Siege und seine Reformpolitik die iranische Vorherrschaft im Persischen Golf wieder her. Die blumige Miniatur zeigt ihn jedoch in einem viel intimeren Rahmen, am Rand eines Banketts, einen jungen Mundschenk umarmend, dessen Reiz ihn scheinbar nicht gleichgültig ließ.

Schale mit berittenem Falkner, Iran, Anfang 13. Jh.
Quarzkeramik mit poliertem Dekor und Goldhöhungen auf opaker Glasur, D. 22 cm
☛ Richelieu-Flügel, Zwischengeschoss, Saal 6

Unabhängig von ihrer ästhetischen Qualität ist diese Schale auch das Ergebnis einer Ende des 12. Jh.s entwickelten technischen Innovation namens *haft rang*, was auf Persisch „sieben Farben" bedeutet: Die Schale wird zweimal gebrannt, wobei die Temperatur beim zweiten Mal niedriger ist, was die Einbindung von empfindlichen Pigmenten und Goldhöhungen ermöglicht. Die iranischen Töpfer schufen so vollkommen neue Farbnuancen.

Teppich mit Paradiesgarten-Motiv (Detail),
gen. *Mantes-Teppich, Westiran (?), Mitte 16. Jh.*
Kette und Schuss aus Baumwolle, Korkwolle, asymetrischer Knoten, 780 × 385 cm

Es ist uns nicht bekannt, wie dieser Teppich vom Orient in das Kollegiatstift von Mantes, das ihm seinen Namen verlieh und den Teppich an das Louvre-Museum verkaufte, gelangte. Das Motiv der Muskete in der Hand des Jägers (eine Waffe, die im Iran erst 1528 erschien,) weist auf eine Entstehungszeit Mitte 16. Jh. hin. Verschiedende reale Tiere (Pfau, Löwe, Reh usw.) sowie Fabelwesen (Drachen und mythische Simurgh-Vögel) bilden die Motive seiner reichhaltigen Ornamentik.

Ägypten, Indien, Türkei

Islamische Kunst

Dolch mit Pferdekopf, Indien, 17. Jh.
Stahl, Dekor mit Inkrustationen aus Gold, Jade und Halbedelsteinen,
L. 50,5 cm
☛ Richelieu-Flügel, Zwischengeschoss, Saal 11

Die mondförmig zugespitzte Klinge dieses Dolchs hätte selbst eine Strickmasche durchschneiden können. Doch abgesehen von seiner Effizienz beeindruckt dieser sog. *kandjar* vor allen Dingen wegen der Erlesenheit seines pferdekopfförmigen, mit Spinellen und Smaragden verzierten Jade-Griffs (ein Symbol zur Verhelfung von Siegen). Diese Paradewaffe, die sicherlich ein Geschenk an einen hohen Würdenträger war, ist ein typisches Beispiel der Kunst der Mogholen.

Becken, gen. Taufbecken des hl. Ludwig, Ägypten, um 1320–1340
Gehämmertes Messing, mit Inkrustationen aus Gold, Silber und schwarzer Paste verziert, H. 22 cm, D. 50,2 cm (Öffnung)
☛ Denon-Flügel, Zwischengeschoss, Bereich B

Dieses mamlukische Becken, das zu den Beständen der königlichen Sammlungen Frankreichs gehört, war das Taufbecken des späteren Ludwig XIII., aber nicht das von Ludwig dem Frommen, mit dem man es aufgrund seines Namens oftmals verbindet, obgleich Letzterer ein halbes Jahrhundert vor Geburt von Ludwig XIII. gestorben war. Das mit Jagdszenen sowie Bildern der Macht und Kriegsdarstellungen versehene Meisterwerk der islamischen Metallschmiedekunst ist an sechs Stellen mit dem Namen des Künstlers signiert.

Pfauenschüssel, Iznik (Turkei), um 1550, H. 8 cm, D. 37,5 cm
☛ Denon-Flügel, Zwischengeschoss, Bereich B

Dem von Sultan Suliman dem Herrlichen zu tiefst verehrten Maler und Dichter Shah Quli verdanken wir die Entwicklung des Ornamentik-Repertoires *saz*, das die stilisierten und ineinander verschlungenen Pflanzenmotive der ottomanischen Kunst zusammenfasst. Die Komposition der Schüssel kennzeichnet sich durch ein Gleichgewicht der kobaltblauen, türkisfarbenen und ultramarinblauen Farbmassen, die für die Izniker Keramik typisch sind.

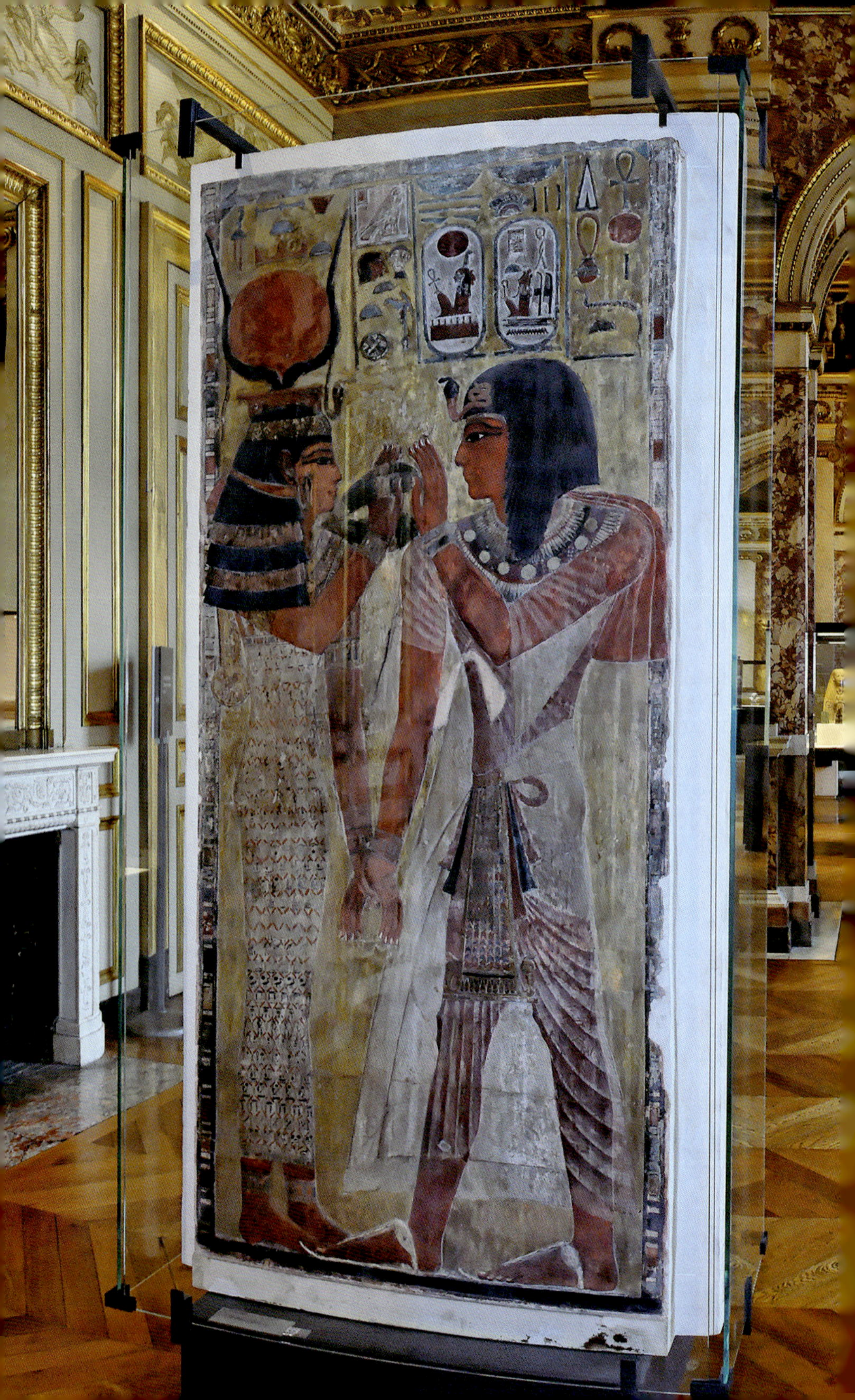

Ägyptische Sammlung

Das Interesse an ägyptischen Altertümern erlebte um 1800 unter Einfluss der Expeditionen von Napoleon und der Veröffentlichungen des Kunsthistorikers und Generaldirektors des damaligen Muséum central Vivant Denon eine große Blüte. Doch der Ursprung der ägyptischen Sammlungen geht auf die 1826 stattgefundene Gründung einer eigenständigen Abteilung unter Leitung von Jean-François Champollion zurück; Letzterem verdanken wir mit dem Rosettastein die Entzifferung der Schriften des Alten Ägyptens und die Übersetzung der pharaonischen Sprache. Das Muséum central präsentierte damals ägyptische Statuen der ehemaligen königlichen Sammlungen. Unter Karl X. wurden zahlreiche Stücke bei großen Verkäufen angekauft oder dem Museum geschenkt. Doch in der zweiten Hälfte des 19. Jh.s wurden die Bestände nicht nur durch Schenkungen, sondern vor allen Dingen durch archäologische Ausgrabungskampagnen bereichert, insbesondere unter Anregung von Auguste Mariette, der bei einer Kampagne für den Louvre das Seraphäum in Sakkara entdeckte und fast 6.000 Werke nach Frankreich brachte, darunter den herrlichen *Hockenden Schreiber*. Die Abteilung ist in drei chronologische Abschnitte eingeteilt. Die pharaonische Epoche, die vom 4. Jahrtausend v. Chr. bis 30 v. Chr. reicht, ist die längste und zahlenmäßig wichtigste (vertreten mit etwa 50.000 Werken). Das Museum weist ebenfalls einen großen Abschnitt auf, der dem römischen Ägypten gewidmet ist, sowie einen weiteren Abschnitt, der Werke des koptischen, d.h. des christlichen Ägyptens präsentiert. Unabhängig von ihrer künstlerischen Qualität sind die ägyptischen Sammlungsbestände des Louvre von den Sphinx-Statuen bis zu den berühmten Porträts von Fayum ein unvergleichliches Instrumentarium zur Sammlung wissenschaftlicher Kenntnisse zum Alltag, zur Kultur, den Glaubensformen und Totenritualen des Alten Ägyptens.

Prädynastische Periode und Thinitenzeit

Dolch von Gebel al-Arak, südlich von Abydos,
Naqada-Zivilisation, um 3300–3200 v. Chr.
Klinge aus Feuerstein, Griff aus Nilpferdzahn, 25,5 cm
☛ Sully-Flügel, 1. Stock, Saal 20

Dieses an der archäologischen Stätte Gebel el-Arak gefundene Prunkmesser macht die erlesene Kunst der ersten Bildhauer Ägyptens deutlich. Sein Griff aus Nilpferdzahn ist auf beiden Seiten mit einem recht komplexen Dekor versehen: Auf der einen Seite Kampfhandlungen, die auf vier Registerreihen dargestellt sind, und auf der anderen Seite ein Krieger (vielleicht eine mesopotamische Gottheit), der zwei Löwen bändigt.

Palette mit Stier (einen Sieg feiernd),
Naqada-Zivilisation, um 3150 v. Chr.
Schiefer, 26,5 × 14,5 cm
☛ Sully-Flügel, 1. Stock, Saal 20

In Naqada, einer historischen Stätte in Oberägypten, entfalteten sich während der prädynastischen Epoche die Grundlagen der ägyptischen Kunst und Kultur. Ein paar Überreste jener fernen Zeit sind zu uns gelangt, wie z.B. dieses auf Vorder- und Rückseite fein gemeißelte, „verzierte" Paletten-Fragment, das auf der einen Seite einen Stier, der einen Mann zurückstößt, - Symbol des siegreichen Königs - darstellt.

Stele des Schlangengottes, königliche Nekropole, Abydos, 1. Dynastie, um 3000 v. Chr.
Kalkstein, 143 × 65 × 25 cm
☛ Sully-Flügel, 1. Stock, Saal 20

Auf dieser Stele, die in zerbrochenem Zustand an der Stätte Abydos (Begrabungsstätte der Herrscher der 1. Dynastie) aufgefunden wurde, ist der Name des Horus Djed, d.h. des Schlangengottes, zu lesen: Der Falke, ein heiliges Tier, das den Gott Horus (auf Erden vom Pharao verkörpert) darstellt, hebt sich im Relief ab, während auf der Palastmauer eine Schlange (einer der ältesten, uns bekannten Hieroglyphen) dargestellt ist.

Altes Reich

Ägyptische Sammlung

Stele der Nefertiabet, Grabstätte der Prinzessin, Giza, Altes Reich, 4. Dynastie, um 2590 v. Chr.
Bemalter Kalkstein, 37,5 × 52,5 × 8,3 cm
☞ Sully-Flügel, 1. Stock, Saal 22

Diese Stele diente der Versorgung des Verstorbenen im Jenseits, was durch die Bilder und die Schrift auf dem Stein wiedergegeben ist. Die Figur stellt Prinzessin Nefertiabet dar, Schwester oder Tochter von König Cheops, die reich geschmückt vor ihrem Leichenschmaus sitzt, der ihr für die Ewigkeit dargereicht wird. Neben einem mit Eßwaren bedeckten Tisch ist die Stele mit Schriftzeichen versehen, welche die Gegenstände der Opfergabe aufzählen.

Große Sphinx, Tanis, Altes (oder Mittleres) Reich, um 2600 oder 1900 v. Chr.
Rosafarbener Granit, 183 × 480 × 154 cm
☞ Sully-Flügel, Zwischengeschoss, Saal 1

Diese perfekt polierte und durch minutiöse Details rythmisch gestaltete 12 t schwere Sphinx wurde 1825 unter den Ruinen des Amun-Re-Tempels in Tanis ausgegraben. Die mit dem Körper eines Löwen und dem Kopf eines Menschen versehene Sphinx ist eine allgewaltige Kreatur, die erbarmungslos gegenüber denen ist, die sich nicht unterwerfen, und die Tugendhaften schützt. Der Pharao erlangt mittels dieser Repräsentation eine göttliche Dimension.

✴ ❷

Hockender Schreiber, Sakkara,
Altes Reich,
4.–5. Dynastie,
um 2620–2350 v. Chr.

Bemalter Kalkstein, Augen
mit Bergkristall- und
Alabasterinkrustationen
in Kupfer, 53,7 × 44 × 35 cm

☞ Sully-Flügel, 1. Stock, Saal 22

Die Funktion des Schreibers war im alten Ägypten, das einer komplexen Zentralverwaltung unterworfen war, äußerst wichtig. Dieser gebildete Beamte musste keine manuellen Arbeiten erledigen und nahm an den Geschäften des Landes teil. Obgleich die offizielle Bezeichnung dieses Schreibers ihn als hockend angibt, sitzt er im Schneidersitz da. Man sieht ihn bei seiner Arbeit: Mit leicht nach vorne geneigter Brust und einer ausgerollten Papyrusrolle auf seinem Lendenschurz, der ihm als Unterlage dient, hält er seine Finger, die einstmals einen Pinsel umschlossen, zum Schreiben bereit. Seine aus weißem, rotgeädertem Magnesit und poliertem Bergkristall gestalteten Augen, seine Augenbrauen, seine gerade Nase und seine feinen Lippen sind extrem realistisch dargestellt. Hände, Finger und Fingernägel sind mit außergewöhnlicher Kunstfertigkeit gemeißelt, während die beiden Brustwarzen durch zwei Holzbolzen markiert sind. Der Schreiber, dessen Identität unbekannt ist, wurde 1850 von dem Archäologen Auguste Mariette bei der Nekropole Sakkara gefunden.

Mittleres und Neues Reich

Ägyptische Sammlung

Nilpferd, Mittleres Reich, um 2000–1900 v. Chr.
Ägyptische Fayence (gepresster und glasierter Quarzsand), 12,70 × 20,50 × 8,10 cm
☞ Sully-Flügel, 1. Stock, Saal 23

Dieses aus blauer, mit Pflanzenmotiven verzierter Fayence gestaltete Nilpferd, das zu verschiedenen Grabgegenständen in einer Gruft gehörte, verweist auf Nun, den Ursumpf, aus dem jedes Wesen geboren wurde. Es symbolsiert die Wiedergeburt.

Schiffsmodell, Mittleres Reich, um 2000 v. Chr.
Stukkiertes und bemaltes Holz, 29,50 × 67 × 15,50 cm
☞ Sully-Flügel, Erdgeschoss, Saal 3

Im Mittleren Königreich war es Brauch, in den Gräbern Miniaturdarstellungen der menschlichen Tätigkeiten zu hinterlegen. Diese faszinierenden, in einfachstem Stil dargestellten Modelle geben das alltägliche Leben im alten Ägypten wieder: Zu sehen ist hier die Fahrt eines Boots auf dem Nil.

Opferträgerin, Mittleres Reich, um 1950 v. Chr.
Verputztes und bemaltes Feigenbaumholz, 108 × 14 × 32 cm
☞ Sully-Flügel, 1. Stock, Saal 23

Diese aus zwölf Holzteilen bestehende Frauenstatue stand in einer Gruft. Auf ihrem Kopf trägt sie einen Trog mit dem Vorderbein eines Rindes, Symbol der essbaren Opfergaben, die dem Verstorbenen im Jenseits als Nahrung dienen.

Schminklöffel, sog. Schwimmerinlöffel, Neues Reich, um 1550-1069 v. Chr.
Holz, 34 × 7 cm
☞ Sully-Flügel, 1. Stock, Saal 24

Trotz ihrer Bezeichnung als Schminklöffel ist die genaue Funktion dieser zerbrechlichen Frauenskulptur, die eine schwimmende, nackte Frau mit einem Wasserwild darstellt, nicht bekannt. Es könnte sich auch um einen Löffel für Opfergaben oder um einen Kultgegenstand in Zusammenhang mit Fruchtbarkeit handeln.

Amulett: Falke mit Widderkopf, im Grab eines Apis-Stiers gefunden, Neues Reich, 1254 v. Chr.
Gold, Türkis, Karneol, Lapislazuli, 7,10 × 13,70 cm

Dieser mit Edelsteinen verzierte Schmuckgegenstand aus 99,5 %-ig reinem Gold stellt ein wunderliches Tier dar: Dieser Raubvogel mit seinen ausgebreiteten Flügeln, gestreckten Beinen und seinem Widderkopf mit horizontalen Hörnern symbolisiert die Sonne, die gemäß einem ägyptischen Mythos bei Sonnenuntergang diese Form annimmt, um am Morgen wiederaufzuleben bzw. wiederaufzugehen.

Ägyptische Sammlung

Neues Reich

Die Ernte und die Bodenvorbereitung, linkes Ufer von Theben, heute Luxor, Neues Reich, 18. Dynastie, um 1450 v. Chr.
Malerei auf Schluff, 68 × 94 cm
☛ Sully-Flügel, 1. Stock, Saal 4

Diese Evozierung des Agrarlebens auf drei Registerreihen, die von unten nach oben gelesen werden, zierten das Grab eines Schreibers, der mit der Überwachung des geregelten Ablaufs dieser Tätigkeit beauftragt war. Neben der Erinnerung an die berufliche Tätigkeit des Verstorbenen hat diese Grabmalerei auch eine magische Funktion: Sie soll das Weiterleben des Toten im Jenseits fördern, indem sie ihn mit den dargestellen Ressourcen versorgt.

Frauenkörper, sicherlich Nofretete, Neues Reich, um 1353–1337 v. Chr.
Quarzit, H. 29 cm
☛ Sully-Flügel, 1. Stock, Saal 25

Diese Skulptur ohne Kopf ist beispielhaft für die Kunst der Amarna-Zeit (benannt nach der Stadt Amarna am Ostufer des Nils in Mittelägypten) während der Regierungszeit des Echnaton. Der Torso kennzeichnet sich durch eine ebenso formlose wie extrem sinnliche Silhouette, die durch die sanften Falten des transparenten Gewandes betont wird. Oft wird Prinzessin Nofretete, Gattin des Echnaton, als Modell dieses kühnen Werks zitiert.

Amenophis IV.-Echnaton,
Säulenfragment eines Gebäudes
östlich von Karnak, Neues Reich,
18. Dynastie, um 1353-1337 v. Chr.
Bemalter Sandstein, 137 × 88 × 60 cm
☞ Sully-Flügel, 1. Stock, Saal 25

Echnaton bewirkte während seiner Regierungszeit eine nie dagewesene künstlerische Revolution, indem er seine Statuen errichten ließ, deren Gesichtszüge zu einem ästhetischen Kanon wurden. Dieses Säulenfragment, das in der Nähe eines Tempels, der dem Sonnenfalken Re-Horachte (verkörpert durch den Pharao) geweiht war, gefunden wurde, zeigt Letzteren in der sog. Osiris-Haltung mit gekreuzten Armen auf der Brust und das Königszepter haltend.

Ägyptische Sammlung

Dritte Zwischenzeit

Grabstele der Dame Taperet,
22. Dynastie, 10. oder
11. Jh. v. Chr.
Bemaltes Holz, 31 × 29 × 2,60 cm
☞ Sully-Flügel, 1. Stock, Saal 29

Obgleich Stelen bis dahin Apanage der Königsgräber waren, zeigt diese aufgrund ihrer Farben und ihren zahlreichen symbolischen Elementen bemerkenswerte, kleine Stele das Aufblühen der Grabkunst in der ägyptischen Privatsphäre. Sie verbindet die Verstorbene mit dem Sonnenzyklus. Auf beiden Seiten der Stele betet Letztere den Stern an, wobei die Sonne zwei Aspekte symbolisiert – einen in Verbindung mit dem Tag (der Gott Re) und einen in Verbindung mit der Nacht (der Gott Aton).

Sarkophag des Kanzlers Imeneminet,
25.–26. Dynastie,
um 700–600 v. Chr.

Zusammengepresster und verputzter Stoff, 187 × 48 cm

☞ Sully-Flügel, Erdgeschoss, Saal 13

Die Form der Sarkopharge, deren Verwendung kennzeichnend für die Begräbniskultur des alten Ägyptens und deren Sorge um den Schutz des Körpers des Verstorbenen ist, veränderte sich im Laufe der Zeit und entsprechend der sozialen Milieus stark. Die menschenähnliche Vorderseite erinnert an den Reliquienschrein von Abylos, in dem anscheinend der Kopf von Osiris verwahrt ist, während auf der Rückseite mittels eines Djed-Pfeilers (ein Heiligtum der Stadt Busiris) ihre Wirbelsäule dargestellt ist. Der Verstorbene wird somit mit Osiris, Figur der Ewigkeit, in Verbindung gebracht.

Christliches und Römisches Ägypten

Ägyptische Sammlung

**Christus und der Abt Mena,
Kloster von Bawit,
7. Jh. n. Chr.**
Wachs- und Leimfarbmalerei
auf Maulbeerfeigenholz,
57 × 57 cm
☛ Denon-Flügel,
Zwischengeschoss, Saal C

Dieses gut konservierte, auf Holz gemalte Bild, das an der Stätte Bawit in Mittelägypten gefunden wurde, ist die älteste, uns bekannte koptische Ikone (der Begriff Kopten bezeichnet die Christen, die sich ab Ende des 2. Jh.s in Ägypten niederließen). Auf dem Hintergrund einer Landschaft ist Christus frontal dargestellt; ein kreuzförmiger Heiligenschein umrahmt seinen Kopf, und der in der linken Hand eine Schriftrolle haltende Klostervorsteher deutet mit der rechten ein Segenszeichen an.

Bildnis einer Frau, gen. Die *Europäerin*, Antinoupolis (?), 2. Jh. n. Chr.
Vergoldete Enkaustik auf Zedernholz, 42 × 24 cm

Dieses Porträt wurde in einer Nekropole bei Fayum westlich des Nils ausgegraben. Die Porträts von Fayum sind die ältesten Bildnisse, die wir kennen, und sie stellen die ultime Entwicklung der ägyptischen Grabkunst unter Einfluss der römischen Maltechniken dar. Das in Enkaustik-Technik (die Farbpigmente sind in geschmolzenem Wachs gebunden) durchgeführte Grabgemälde, das zu einer Mumie gehörte, stellt das Modell in seiner Individualität dar.

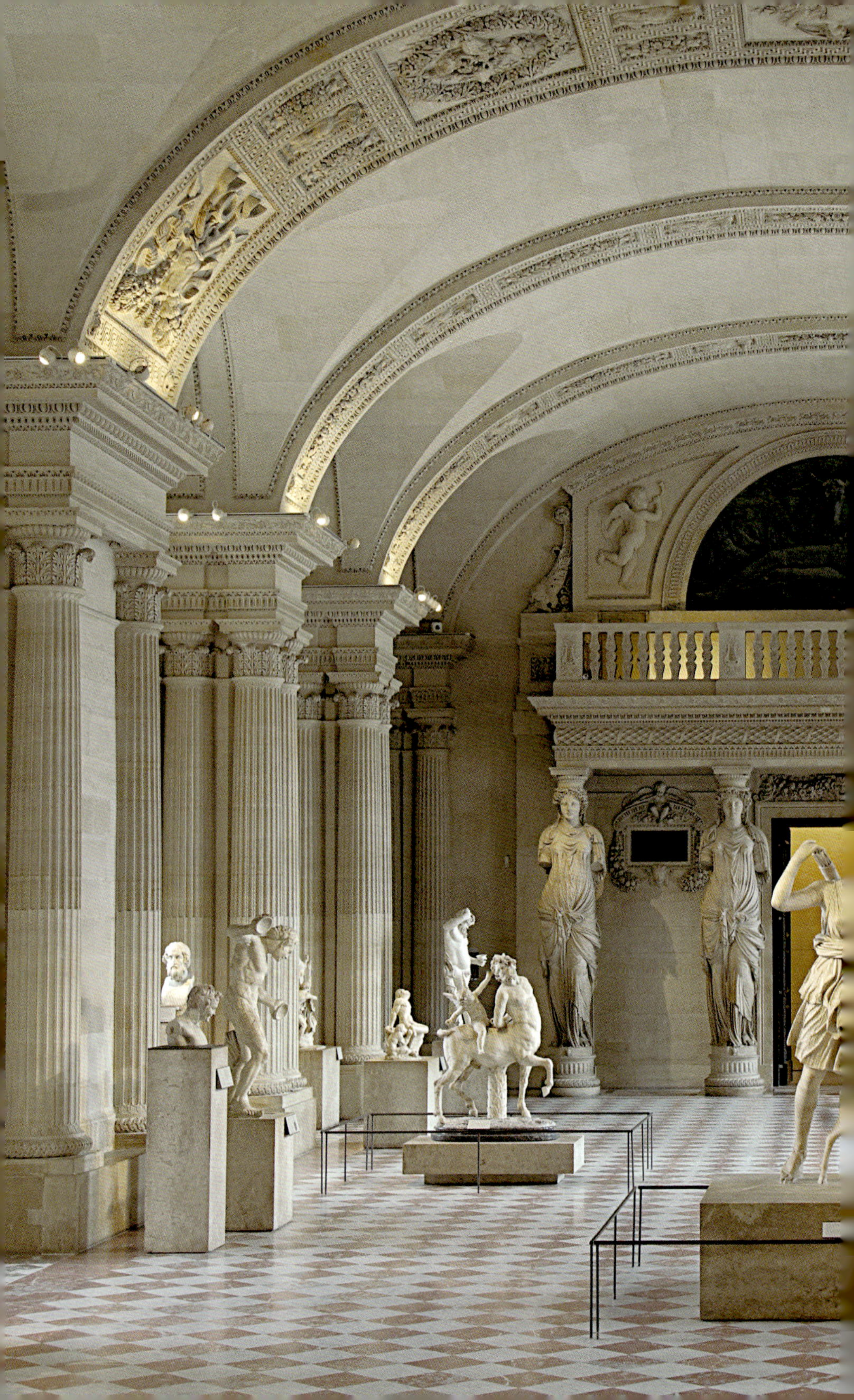

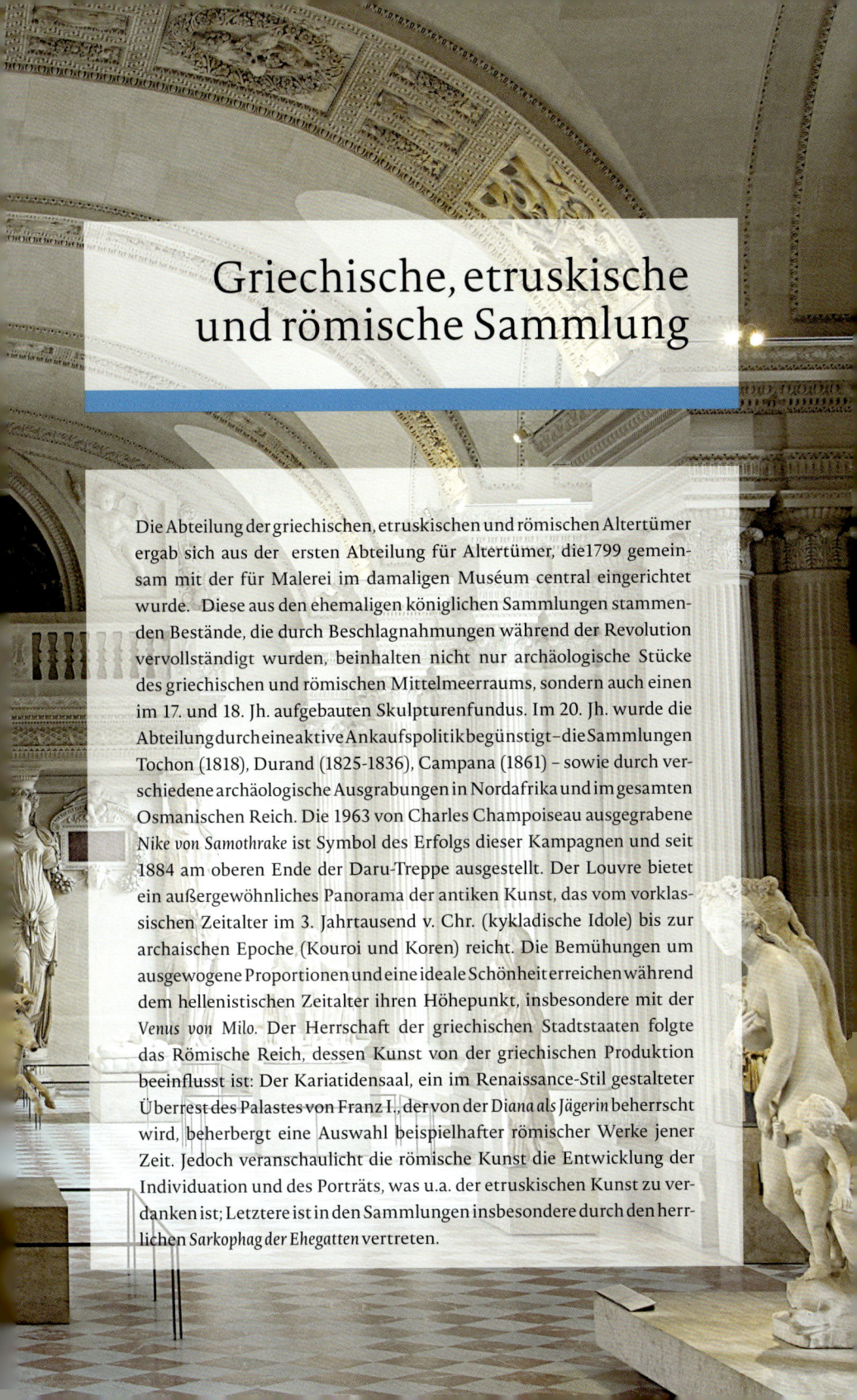

Griechische, etruskische und römische Sammlung

Die Abteilung der griechischen, etruskischen und römischen Altertümer ergab sich aus der ersten Abteilung für Altertümer, die 1799 gemeinsam mit der für Malerei im damaligen Muséum central eingerichtet wurde. Diese aus den ehemaligen königlichen Sammlungen stammenden Bestände, die durch Beschlagnahmungen während der Revolution vervollständigt wurden, beinhalten nicht nur archäologische Stücke des griechischen und römischen Mittelmeerraums, sondern auch einen im 17. und 18. Jh. aufgebauten Skulpturenfundus. Im 20. Jh. wurde die Abteilung durch eine aktive Ankaufspolitik begünstigt – die Sammlungen Tochon (1818), Durand (1825-1836), Campana (1861) – sowie durch verschiedene archäologische Ausgrabungen in Nordafrika und im gesamten Osmanischen Reich. Die 1963 von Charles Champoiseau ausgegrabene *Nike von Samothrake* ist Symbol des Erfolgs dieser Kampagnen und seit 1884 am oberen Ende der Daru-Treppe ausgestellt. Der Louvre bietet ein außergewöhnliches Panorama der antiken Kunst, das vom vorklassischen Zeitalter im 3. Jahrtausend v. Chr. (kykladische Idole) bis zur archaischen Epoche (Kouroi und Koren) reicht. Die Bemühungen um ausgewogene Proportionen und eine ideale Schönheit erreichen während dem hellenistischen Zeitalter ihren Höhepunkt, insbesondere mit der *Venus von Milo*. Der Herrschaft der griechischen Stadtstaaten folgte das Römische Reich, dessen Kunst von der griechischen Produktion beeinflusst ist: Der Kariatidensaal, ein im Renaissance-Stil gestalteter Überrest des Palastes von Franz I., der von der *Diana als Jägerin* beherrscht wird, beherbergt eine Auswahl beispielhafter römischer Werke jener Zeit. Jedoch veranschaulicht die römische Kunst die Entwicklung der Individuation und des Porträts, was u.a. der etruskischen Kunst zu verdanken ist; Letztere ist in den Sammlungen insbesondere durch den herrlichen *Sarkophag der Ehegatten* vertreten.

Archaisches Zeitalter

Griechische, etruskische und römische Sammlung

Kopf einer Frauenfigur, Keros, frühkykladische Kultur II (2700–2300 v. Chr.)
Marmor,
27 × 14,5 × 9,5 cm
☞ Denon-Flügel, Zwischengeschoss, Saal 1

Dieser oben abgestumpfte Kopf gehörte zum Körper eines Idols mit verschränkten Armen und geschlossenen Beinen. Er ist ein Überrest der bedeutenden Kulturregion der Kykladen des 3. Jahrtausends v. Chr. und war ursprünglich mit farbigen Motiven dekoriert. Seine geometrischen, reinen Formen faszinierten Künstler des 20. Jh.s, so z.B. Modigliani oder Brancusi, dessen Stil sich daran anlehnt.

Frauenstatue, gen. Dame von Auxerre, Kreta (?), um 640–630 v. Chr.
Kalkstein, H. 75 cm
☞ Denon-Flügel, Zwischengeschoss, Saal 1

Diese Frauenfigur wurde in der Stadt Auxerre gefunden. Ihr rechter Arm deutet auf die Geste einer Göttin hin, die auf ihre Fruchtbarkeitsattribute hindeutet, oder auf die Anbetungsgeste einer Priesterin. Ihre Frisur, die den Einfluss des ägyptischen Vorderen Orients verrät, und ihr eingeritzter Dekor machen sie zu einem Meisterwerk des sog. dädalischen Stils, in Referenz zu dem legendären kretischen Bildhauer Dädalus.

**Reiterkopf, gen. *Kopf Rampin*,
Athen, um 550 v. Chr.**
Marmor mit Farbresten, H. 27 cm
☞ Denon-Flügel, Zwischengeschoss, Saal 1

Dieser noch von der Schlichtheit des archaischen Stils geprägte Kopf gibt in seiner erlesenen Ornamentik den Einfluss der orientalischen Kunst zu erkennen. Der hübsch anmutende Kopf stellt einen Athener Aristokraten oder einen siegreichen Athleten dar: Sein Haar ist von einem Blätterkranz umsäumt. Torso sowie ursprüngliches Reitpferd des Werks sind im Akropolismuseum in Athen verwahrt.

**Euphronios
(Ende 6.–Mitte 5. Jh.)**
Rotfiguriger Kelchkrater, Attika,
um 515-510 v. Chr.
Terrakotta, H. 44,8 cm, D. 55 cm
☞ Sully-Flügel, 1. Stock, Saal 43

Dieses von dem berühmten Vasenmaler Euphronius signierte Gefäß ist sinnbildlich für die rotfigurige Keramikkunst, die im 6. Jh. in Athen entstanden ist. Auf der abgebildeten Seite ist der legendäre Kampf zwischen Herakles und Antaios dargestellt: Letzterer, Sohn der Gaia, galt als unbesiegbar, solange er auf der Erde, aus der er neue Kraft schöpfte, stand. Herakles besiegte ihn, indem er ihn während eines Kampfes von der Erde weg in die Luft hob und erwürgte.

Klassisches und hellenistisches Zeitalter

Griechische, etruskische und römische Sammlung

Die „Ergastinen": Fragment der Friesplatte der östlichen Seite des Parthenon, Athen, 445–438 v. Chr.
Marmor, 96 × 207 × 12 cm
☛ Sully-Flügel, Erdgeschoss, Saal 6

Dieses Fries-Fragment des Parthenon, das ursprünglich auf 160 m die Mauern des Tempels umsäumte, zeigt eine friedliche Prozession der Ergastinen (griech. „Arbeiterinnen"), die für das Weben der goldenen Tunika (*peplos*), welche die Athener ihrer Schutzgöttin darbrachten, verantwortlich waren. Die Durchführung dieses Basreliefs understand der Leitung von Phidias, dem angesehensten Bildhauer der Antike.

★ ❸

Nike von Samothrake, um 190 v. Chr.
Marmor, H. 328 cm
☛ Denon-Flügel, Erdgeschoss, Daru-Treppe

Dieses Meisterwerk des hellenistischen Zeitalters wurde bei Grabungen 1863 am Standort des Heiligtums der Großen Götter von Samothrake gefunden; Letzteres fungierte in der Antike als bekannte Kultstätte zur Verhelfung von Siegen bei Meeresschlachten oder zur Rettung Schiffbrüchiger. In der Tat lieferten sich die Großmächte der damaligen Zeit viele Seeschlachten, um die Kontrolle über das Mittelmeerbecken zu gewinnen. Diese Frauenfigur war sicherlich eine Opfergabe und eine Trophäe, die eines Seesiegs gedachte. Sie befand sich am Bug eines Schiffs und ist wie im freien Flug dargestellt – mit offenen Flügeln, die Brust stolz herausdrückend, mit von der Gischt am Körper klebendem Gewand. Obwohl ihr sowohl Kopf als auch Arme abhanden gekommen sind, stellt diese Nike (griechisch „Sieg") nicht weniger ein unvergleichliches Beispiel der bewegten Bildhauerkunst des 2. Jh.s v. Chr. dar und drückt lyrische Frische sowie technische Meisterschaft aus, insbesondere was den Faltenwurf des Gewandes mit seinen subtilen Transparenzeffekten anbelangt.

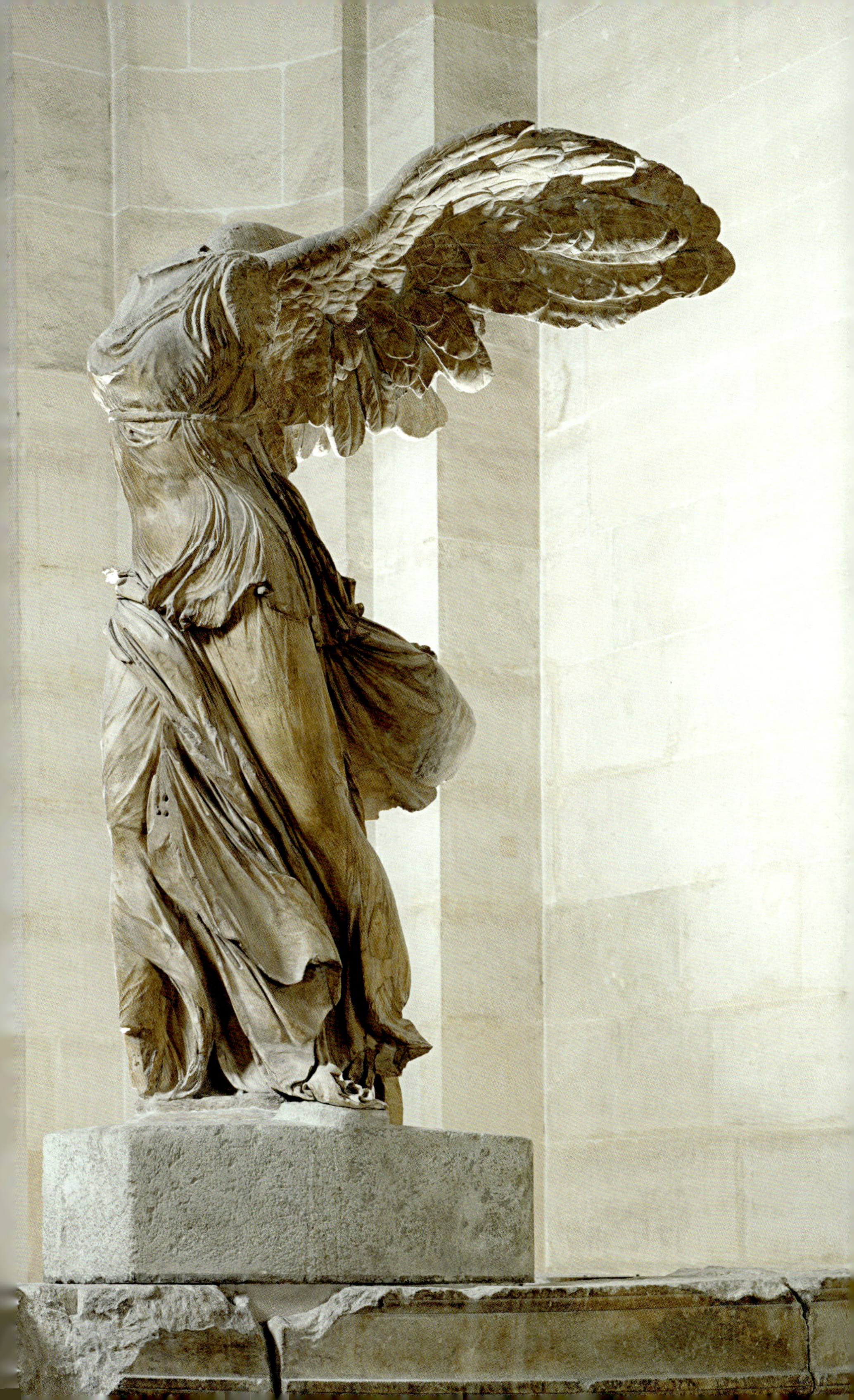

Griechische, etruskische und römische Sammlung

Hellenistische Kunst

★ ❹

Aphrodite, gen. Venus von Milo, um 100 v. Chr.
Marmor, H. 202 cm
🞂 Sully-Flügel, Erdgeschoss, Saal 16

Ein Geheimnis umhüllt dieses beschädigte Meisterwerk, dessen Arme seit seiner Ausgrabung 1820 auf der Insel Milos (griech. Milo) im Südwesten der Kykladen nie wiederaufgefunden wurden. Die Gesten bzw. die Attribute der Arme einer Statue ermöglichen im allgemeinen deren Identifizierung. Die sinnlichen Formen der halbnackten Statue lassen dennoch die Vermutung zu, dass es sich um Aphrodite, die Göttin der Liebe, handelt, oder auch um Amphitrite, eine auf Milos äußerst verehrte Meeresgottheit. Unabhängig von ihrer stolzen Haltung und ihrem entrückten Blick (beides Zeichen göttlicher Zugehörigkeit) ist die Skulptur von beispielhafter technischer Virtuosität. Der Faltenwurf des Gewandes kennzeichnet sich durch zahlreiche Falten, unter denen man die Rundung der Beine erahnt. Der Kontrapost der Skulptur, d.h. der Hüftschwung ihres Standbeins, verleiht ihr eine leicht gewundene Bewegung, welche die Tridimensionalität der Plastik betont. Dieses Kleinod der griechischen Sammlungen des Louvre verkörpert ein in Marmor geschlagenes, ästhetisches Ideal der Antike, das eben so klassizistisch wie dynamisch ist.

Agasias von Ephesus, Sohn des Dositheus (2. Jh. v. Chr.)
Kämpfender Krieger, gen. *Borghesischer Fechter*, Antium, um 100 v. Chr.
Marmor, H. 199 cm
☛ Denon-Flügel, Erdgeschoss, Saal B

Diese im 17. Jh. in Antium gefundene Skulptur, die auf dem Baumstamm die Signatur von Agasias von Ephesus trägt, wurde in die Sammlungen der Familie Borghese aufgenommen, woher auch ihr Name stammt. Anscheinend ist sie eine Kopie eines Originalwerks des berühmten Bildhauers und Bronzegießers Lysippos von Sikyon. Die Körperdrehung des Kämpfers spannt dessen Muskeln an, was die Skulptur zu einem idealen männlichen Akt-Modell macht.

Schlafender Hermaphroditos, 2. Jh. n. Chr.
Marmor, 169 × 89 cm
☛ Sully-Flügel, Erdgeschoss, Saal 17

Diese römische Kopie eines griechischen Originals aus dem 2. Jh. v. Chr. stellt Hermaphroditos – den Sohn von Hermes und Aphrodite – dar, der durch die Verschmelzung mit der Nymphe Salmakis bisexuell geworden war: Letztere war darüber erzürnt, dass der Jüngling sie von sich gestoßen hat, und bewirkte bei Zeus die Vereinigung ihrer beider Körper. Die Matratze, auf welcher der Körper ruht, wurde im 17. Jh. von dem italienischen Bildhauer Bernini hinzugefügt.

Etruskische Kunst

Halskette mit Achelooskopf-Anhänger, Chiusi (?), um 480 v. Chr.
Gold, H. 36 cm
☛ Denon-Flügel, Erdgeschoss, Saal 19

Diese Halskette aus dem klassischen Zeitalter der etruskischen Kunst kennzeichnet sich durch ihre stilisierte Goldgestaltung und dekorative Fantasie, die sie zu einem Kleinod der etruskischen Goldschmiedekunst machen. Der mit Schutzkräften versehene Anhänger stellt den aus Ätolien stammenden, mit den Attributen eines Stiers (Ohren und Hörner) ausgestatteten Flussgott Acheloos, Sohn des Okeanos und der Tethys, dar.

Terrakotta-Wandtafel, gen. Campana-Tafel: *Drei nach rechts gehende Figuren,* Cerveteri, 2. Hälfte 6. Jh. v. Chr.
Bemalte Terrakotta, 131 × 59 cm
☛ Denon-Flügel, Erdgeschoss, Saal 18

Diese in der Banditaccia-Nekropole in Caere (heute Cerveteri) gefundene Tafel bedeckte die Wand eines Grabes. Sie stellt einen geflügelten Geist hinter einem Bogenschützen dar, der die Seele einer Frau ins Jenseits führt. Diese für die etruskischen Konventionen typische archaische Zeichnung weist bestimmte Details auf (mandelförmige Augen, Gestik der Figuren), die der aus Kleinasien stammenden griechischen Kunst eigen sind.

Griechische, etruskische und römische Sammlung

★ ❺

Sarkophag, gen. Sarkophag der Ehegatten, Cerveteri, um 520-510 v. Chr.

Polychrome Terrakotta,
111 × 194 × 69 cm

☛ Denon-Flügel, Erdgeschoss, Saal 18

Das aufgrund seiner ungewöhnlichen Abmessungen als Sarkophag bezeichnete Monument ist aller Wahrscheinlichkeit nach eine Bestattungsurne zur Aufbewahrung der Asche eines verstorbenen Paars. Die 1845 von Marquis Campana in der Banditaccia-Nekropole in Cerveteri gefundene und 1861 von Napoleon III. aufgekaufte Urne hat die Form eines Betts, auf dem ein Mann und eine Frau analog zu einem aus Kleinasien stammenden Modell wie Bankettgäste halb ausgestreckt ruhen. Im Gegensatz zur griechischen Tradition, wo Bankette Männern vorbehalten waren, verliehen die Etrusker den Frauen eine gleichberechtigte Stellung, was die im selben Maßstab vorgenommene Darstellung der beiden Eheleute belegt. Die Gattin gießt ihrem Gatten Parfum in die Hände – eine Opfergeste, die neben dem gemeinsamem Weintrunk, der durch schlauchförmige Kissen evoziert ist, ein wesentliches Element des etruskischen Totenrituals darstellt. Die betont individuellen Gesichtszüge sind extrem fein gestaltet, während polychrome Spuren die Details der Frisuren und Stoffe noch präziser hervorheben.

Römische Kunst

Griechische, etruskische und römische Sammlung

Fragment der Ara Pacis Augustae: kaiserlicher Zug,
Rom, 13.–9. Jh. v. Chr.
Marmor, 114 × 147 cm
☞ Denon-Flügel, Erdgeschoss

Dieses Fragment des Friedensaltars, der zu Ehren von Kaiser Augustus errichtet wurde, lehnt sich an den berühmten Fries der Panathenäen an, der für den Parthenon geschaffen wurde. Dieser von der griechischen Kunst inspirierte Dekor, der Propagadazwecken diente, stellt hohe Würdenträger des Kaiserreichs sowie die kaiserliche Familie dar, angeführt von Augustus als Garant des Gleichgewichts der Welt.

Schatz von Boscoreale: Emblem-Becher,
Ende 1. Jh. v. Chr.–Mitte 1. Jh. n. Chr.
Teilweise vergoldetes Silber, H. 6 cm, D. 22,5 cm
☞ Sully-Flügel, 1. Stock, Saal 33

Die unter den Staub- und Aschemassen des 79 n. Chr. ausgebrochenen Vesuvs begrabenen Überreste bezeugen die erlesene Lebenskunst der reichen römischen Bürger. Eine Villa in dem nicht unweit von Pompeji gelegenen Boscoreale enthüllte uns einen Schatz, der aus Tischutensilien und Toilettenzubehör aus wertvollen Werkstoffen sowie aus von der Mythologie oder von der Geschichte inspirierten Dekorelementen bestand.

Kaiser Hadrian, Heraklion,
um 127–128 n. Chr.
Marmor, H. 64 cm
☛ Denon-Flügel, Erdgeschoss, Saal 25

Hadrian, der in die Geschichte einging, da er das römische Reich konsolidiert und Anfang des 2. Jh.s in diesem Gefüge ein Gleichgewicht geschaffen hat, gilt darüberhinaus als großer Schutzherr der Künste und der Literatur. Diese offizielle Büste zeigt ihn mit einem Harnisch, der mit einem Medusakopf (einem hellenistischen Motiv) verziert ist; hinzu kommt ein vollkommen neues Element: Augen, bei denen selbst die Iris gemeißelt ist.

*Fragment eines Bodenmosaiks:
Triumph des Neptun und der Amphitrite*,
Constantine, 1. Viertel 4. Jh. n. Chr.
Marmor, Kalkstein und Glaspaste, 836 × 714 cm

Die reichen Villen der Spätantike waren im allgemeinen mit Mosaiken dekoriert, die wie Teppiche komplexe Motive in eleganten Farben aufwiesen. Dieses üppig gestaltete Mosaikpflaster, das in einem Empfangssaal eines Hauses in Algerien gefunden wurde, stellt den Triumph des Meeresgottes auf einem von Meerespferden gezogenen und von Amoretten umsäumten Wagen in Begleitung seiner Gattin Amphitrite dar.

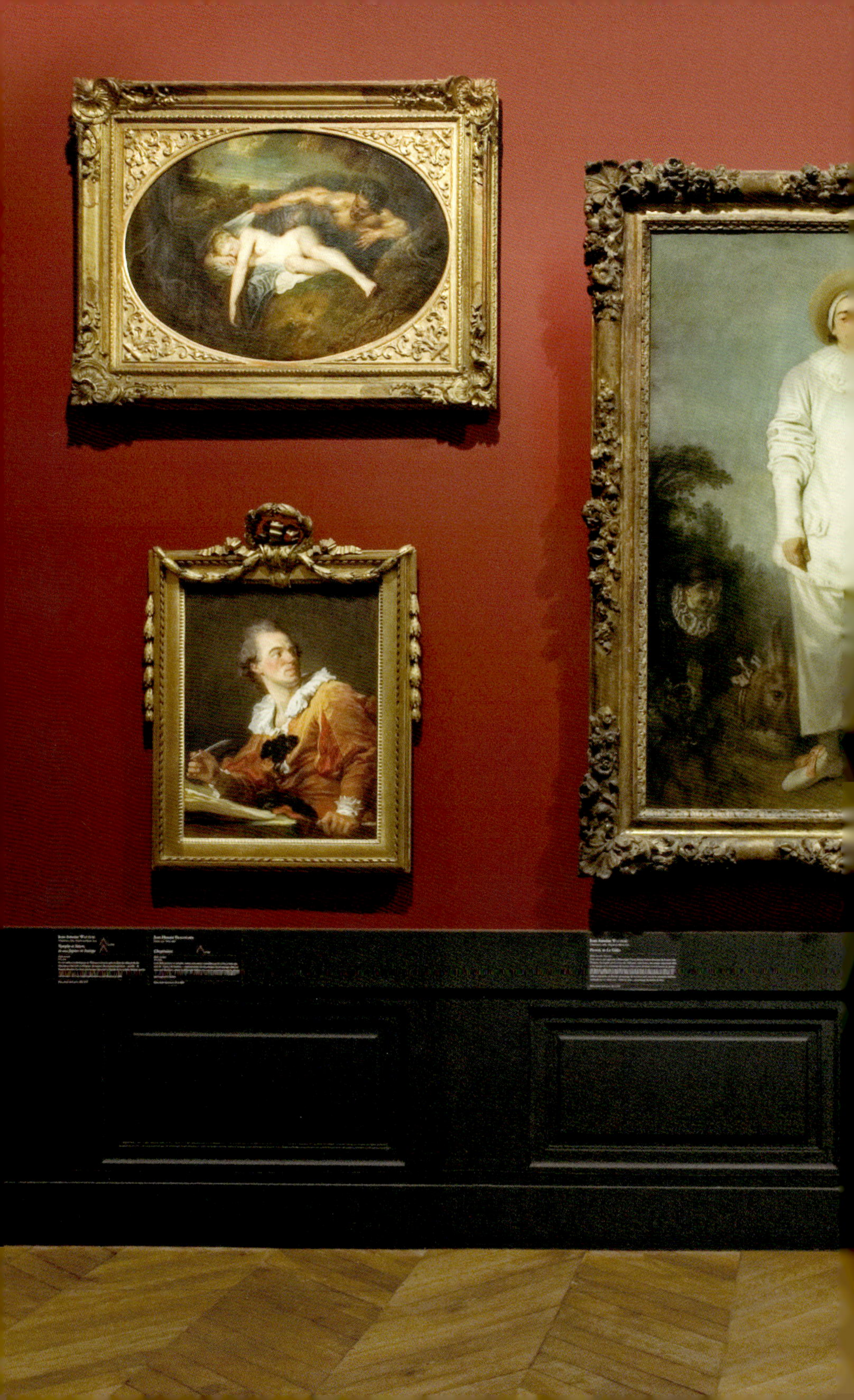

Gemäldesammlung

Die Gemäldesammlungen des Museums finden ihren Ursprung in den suksessiven Ankäufen der französischen Könige, die unter Franz I. begannen. Sie bildeten den Grundstock der Bestände des 1793 eröffneten Muséum central, die in der Folge durch Militärkampagnen, Ankäufe bei Kunst-Salons oder bei Privatpersonen und Schenkungen (insbesondere jene von La Caze, Moreau-Nélaton, Rothschild oder viel später von Lemme, Kaufmann und Schlageter) bereichert wurden. Vom 1. Stock des Denon-Flügels bis zum 2. Stock der Cour Carré und des Richelieu-Flügels veranschaulichen die Gemälde des Museums die großen Kunstbewegungen Europas vom 13. bis Mitte des 19. Jh.s; die nach 1848 geschaffenen Werke sind seit 1986 im Musée d'Orsay ausgestellt. Die italienische Renaissance, die sich durch die Wiederentdeckung des antiken Schönheitskanons, eine immer größere Aufmerksamkeit gegenüber der Natur und ihren Gesetzen, einen Sinn für Idealisierung und eine große Sinnlichkeit kennzeichnet, findet ihre spektakulärsten Beispiele in Leonardo da Vincis *Mona Lisa* und Veroneses *Hochzeit zu Kana*. Im 17. Jh. entwickelte sich der französische Klassizismus (Poussin, Champaigne), der sich durch die Suche nach Reinheit und Harmonie kennzeichnet, wogegen die flämische Malerei (Rubens) und die holländische Malerei (Rembrandt) sich naturalistischeren Bemühungen widmen. Im 18. Jh., dem Zeitalter der Aufklärung und der Libertinage (Boucher, Fragonard), entwickelte sich ein neoklassischer Stil, der sich durch eine strenge Organisation der Formen definiert, die in historische Kompositionen, wie z.B. Davids berühmte *Kaiserkrönung Napoleon I.*, oder in Aktbilder, wie z.B. Ingres' *Große Odaliske*, mündet. Diesem Stil trat die romantische Strömung entgegen, die durch *Die Freiheit führt das Volk* von Delacroix veranschaulicht wird.

14.–16. Jh.

Französische Malerei

Schule von Paris
Bildnis König Johann II., gen. der Gute,
um 1360
Holz, 60 × 44,5 cm
☛ Richelieu-Flügel, 2. Stock, Saal 1

Die Inschrift über dem Kopf der Figur dieses seltenen Staffeleibildes aus dem 14. Jh. gibt Johann II. den Guten vor seinem Amt als König Frankreichs als Modell an. Er ist in der Tat ohne Krone auf goldenem Grund im Profil dargestellt, wie auf den Medaillen der damaligen Zeit. Dieses anonyme Werk ist das älteste Einzelporträt der westlichen Malkunst.

Jean Fouquet
(um 1415/1420–1477/1481)
Bildnis König Karl VII., um 1445–1450
Holz, 86 × 71 cm
☛ Richelieu-Flügel, 2. Stock, Saal 6

Diese frontale Halbfigur stellt König Karl VII. dar, der die Engländer während des Hundertjährigen Kriegs mit Hilfe von Jeanne d'Arc besiegte. Das Bildnis, das von dem berühmten Tafel- und Miniaturmaler Jean Fouquet zum Ruhm des Herrschers geschaffen wurde, beeindruckt mit seiner erlesenen Faktur und seinem Realismus und gilt als Perle der Anfänge der französischen Renaissance.

**Jean Clouet zugeschrieben
(1490/1495–1540/1541)**
Bildnis König Franz I.,
um 1530
Holz, 96 × 74 cm

☞ Richelieu-Flügel, 2. Stock, Saal 7

Jean Clouet, offizieller Maler des Königs, übernimmt bei der mit frontalem Blick dargestellten Halbfigur von Franz I., der als großzügiger und aufgeklärter Mäzen galt, die Komposition von Fouquet (wahrscheinlich in Zusammenarbeit mit dessen Sohn François). Das leichte Lächeln, die Position der Hände und die prachtvollen Kleider verraten den Einfluss der italienischen Malerei, die Franz I. ganz besonders liebte.

15. Jh.

Französische Malerei

**Jean Malouel zugeschrieben
(vor 1370-1415)**
Pietà, gen. Große runde Pietà,
um 1400
Holz, D. 64 cm
☛ Richelieu-Flügel, 2. Stock, Saal 3

Diese für Philipp den Kühnen, Herzog von Burgund, geschaffene Pietà, die zahlreiche Gefühlsnuancen in sich birgt, verbindet das Thema des menschlichen Leids mit dem der Dreifaltigkeit. Auf engem Raum scharen sich der vom Kreuz abgenommene und von Engeln gestützte Christus, Gott Vater, die Taube des Heiligen Geistes, Maria Magdalena und rechts der weinende Evangelist Johannes.

**Enguerrand Quarton
(bekannt von 1444
bis 1466)**
Pietà von Villeneuve-lès-
Avignon, um 1455
Holz, 163 × 218,5 cm
☞ Richelieu-Flügel, 2. Stock,
Saal 4

Dieses provenzalische Meisterwerk wurde dem aus der Picardie stammenden und in Nordfrankreich ausgebildeten Enguerrand Quarton zugeschrieben. Auf goldenem Grund, auf dem in der Ferne das himmlische Jerusalem leuchtet, heben sich der Evangelist Johannes, der mit kaltem Naturalismus dargestellte Leichnam Christi, die vom Leid gezeichnete Jungfrau Maria und Maria Magdalena ab. Links ist der Donator, ein anonymer Stiftsherr im weißen Chorhemd, im selben Maßstab wie die Heiligen dargestellt.

**Henri Bellechose
(bekannt von 1415
bis zu seinem Tod
um 1440/1444)**
Retabel des heiligen
Dionysius, 1416
Goldgrund von Holz
auf Leinwand übertragen,
162 × 211 cm
☞ Richelieu-Flügel,
2. Stock, Saal 3

Bellechose, der offizieller Hofmaler von Johann Ohnefurcht, Herzog von Burgund, war, vollendete dieses Retabel für die Kirche der Kartause von Champmol. Dieses von einem goldenen Grund, blauen Farbtönen und roten Blutspuren dominierte Werk stellt ein letztes Zeugnis der gotischen Ästhetik dar und verherrlicht die Bedeutung des Opfers. Das Martyrium Christi wird mit dem des heiligen Dionysius verbunden und mittels zweier Episoden geschildert: links die Kommunion im Gefängnis, rechts die Enthauptung.

16. Jh.

Französische Malerei

Jean Cousin der Ältere (um 1490–um 1560)
Eva Prima Pandora,
um 1550
Holz, 97 × 150 cm
☞ Richelieu-Flügel, 2. Stock, Saal 9

Cousin, ein Vertreter der Schule von Fontainebleau, signiert hier eines der ersten Aktbilder der französischen Malerei, in Fortsetzung des von Giorgione und Tizian gesetzten venezianischen Modells. Die Identität dieser jungen Frau, die gleichzeitig Eva (Urmutter der Menschheit und verantwortlich für den Sündenfall) und Pandora (eine mythologische Figur, die das Unheil auf Erden brachte,) darstellt, ist in doppelter Hinsicht mit dem Bösen verbunden.

Schule von Fontainebleau
Gabrielle d'Estrées und eine ihrer Schwestern im Bad,
um 1595
Holz, 96 × 125 cm
☞ Richelieu-Flügel, 2. Stock, Saal 10

Dieses geheimnisvolle Bild ist kennzeichnend für die Schule von Fontainebleau, insbesondere was die Vorliebe für den Trompe-l'œil anbelangt. Zwei Schwestern sitzen nackt in einer Badewanne Modell: Die links dargestellte Herzogin von Villars kneift die Brustwarze von Gabrielle d'Estrées, der Geliebten von Heinrich IV., die ein uneheliches Kind von dem König erwartet und in ihrer Hand einen Ring als Treuepfand hält. Im Hintergrund ist eine nähende junge Frau zu sehen (sie näht vielleicht Wäsche für das zukünftige Kind).

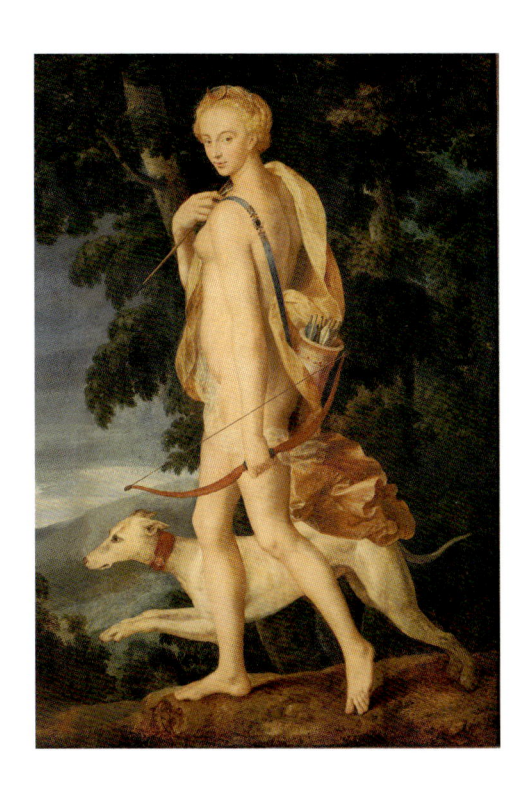

Schule von Fontainebleau
Diana als Jägerin, um 1550
Leinwand, 191 × 132 cm
☞ Richelieu-Flügel, 2. Stock, Saal 9

Das Bild lehnt sich an die hellenistische Skulptur *Diana mit Reh* an, von der es in Fontainebleau ein von Primaticcio in Bronze gegossenes Exemplar gab. Die von einem Windhund begleitete Göttin der Jagd ist in dieser mythologischen Evozierung Vorwand für ein sinnliches Aktgemälde, zweifelsohne ein idealisiertes Porträt von Diane de Poitiers, der Mätresse von König Heinrich II.

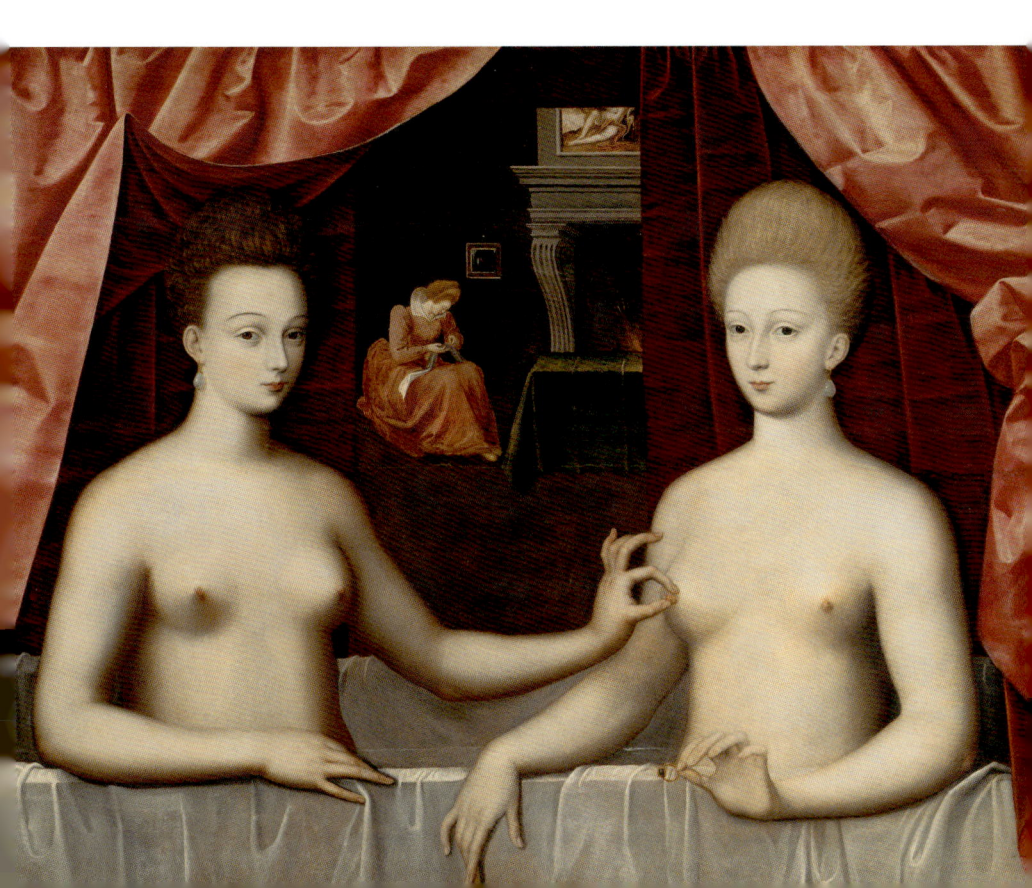

Französische Malerei

17. Jh.

Georges de La Tour (1593-1652)
Die büßende Maria Magdalena,
um 1640-1645
Leinwand, 128 × 94 cm
☞ Sully-Flügel, 2. Stock, Saal 28

Maria Magdalenas Meditation vor einer Kerzenflamme, ein Lieblingsthema von Georges de La Tour, mit ihrer rechten Hand auf einem Totenschädel (Symbol der Nichtigkeit des Lebens) erinnert an die menschliche Vergänglichkeit. Das Gemälde, das sich durch seinen extremen Formalismus und seine äußerst begrenzte ockerfarbene Pallette kennzeichnet, ist eine der gelungensten Hell-Dunkel-Kompositionen der Kunstgeschichte.

Lubin Baugin
(um 1612–1663)
Stillleben mit Schachbrett,
um 1631
Leinwand, 55 × 73 cm
☞ Sully-Flügel, 2. Stock, Saal 24

Dieses Lubin Baugin zugeschriebene Stilleben kann als eine Allegorie der fünf Sinne (Geschmacks-, Geruchs-, Hör-, Seh- und Tastsinn) oder als eine Allegorie der weltlichen Liebe (sinnliche Liebe) und der geistigen Liebe (religiöses Leben) gedeutet werden. Der überragende Künstler lässt uns die Materialität der Dinge empfinden, verdeutlicht aber auch ihren ephemären und eitlen Charakter.

60

**Georges de La Tour
(1593–1652)**
*Der Falschspieler mit dem
Karo-As,* um 1635
Leinwand, 107 × 146 cm
☞ Sully-Flügel, 2. Stock, Saal 28

Dieses Bild ist eines der ersten im 20. Jh. wiederentdeckten Werke des in Vergessenheit geratenen Malers Georges de La Tour. Letzterer greift ein Lieblingsthema der Caravaggisten auf: eine Primero-Partie (ein Vorläufer des Pokerspiels). Der Blickaustausch zwischen der Kurtisane, der Magd und dem Spieler links, der sich dem Betrachter zuwendet, als wolle er ihn in den Betrug miteinbeziehen, ist Synonym ihrer Komplizität gegenüber dem Jungen rechts.

17. Jh.

Französische Malerei

**Nicolas Poussin
(1594–1665)**
Selbstbildnis, 1650
Leinwand, 98 × 74 cm
☞ Richelieu-Flügel, 2. Stock, Saal 14

Poussin gilt als einer der größten Vertreter des französischen Klassizismus des 17. Jh.s, obwohl er einen Großteil seiner Karriere in Italien verbrachte. Wir sehen ihn hier, einem Autoritätsmodell gleich, in seinem Atelier. Auf der linken Seite der Porätbüste ist – wie ein Bild in einem Bild – eine Allegorie der Malerei dargestellt.

**Nicolas Poussin
(1594–1665)**
Der Frühling, oder
Das irdische Paradies,
Der Sommer, oder *Ruth
und Booz*, *Der Herbst*, oder
Die Weinlese, *Der Winter*,
oder *Die Sintflut*,
um 1660–1664
Leinwände, 118 × 160 cm
☛ Richelieu-Flügel, 2. Stock,
Saal 16

Poussins Gemäldezyklus der vier Jahreszeiten schildert vier Episoden aus der Bibelgeschichte. Der Frühling wird durch den Garten Eden dargestellt; die Geschichte von Booz und Ruth evoziert den Sommer; Trauben aus dem gelobten Land stellen den Herbst dar; und die Sintflut symbolisiert den Winter. Diese Landschaftsbilder sind eine Repräsentation des Göttlichen und des Heiligen.

Französische Malerei

17. Jh.

Philippe de Champaigne (1602-1674)
Exvoto, 1662
Leinwand, 165 × 229 cm
☞ Sully-Flügel, 2. Stock, Saal 24

Als Dank für die Genesung seiner Tochter Catherine, die dank der Gebete von Mutter Angélique Arnauld wieder gehen konnte, schenkte Philippe de Champaigne, Porträtmaler am Hof und große Figur der religiösen Malerei, dem jansenistischen Kloster von Port-Royal dieses Exvoto. Der namhafte Vertreter des französischen Klassizismus schuf hier ein Werk, dessen Komposition und Farbwahl sich durch eine exemplarische Ökonomie der Mittel kennzeichnen.

Claude Gellée, gen. Le Lorrain (um 1602-1682)
Landung der Kleopatra in Tarsus, 1642–1643
Leinwand, 119 × 170 cm
☛ Richelieu-Flügel, 2. Stock, Saal 15

Auf den ersten Blick stellt dieses Bild Kleopatras Landung im Hafen von Tarsus dar. Letztere versuchte dadurch Marcus Antonius für die ägyptischen Interessen zu gewinnen. In Wirklichkeit aber schuf Le Lorrain, ein Hauptvertreter der französischen Landschaftsmalerei, ungeachtet jeglicher historischer Wahrheitstreue eine Fantasielandschaft mit einem subtil leuchtenden Sonnenuntergang am Meer.

Louis (oder Antoine?) Le Nain (um 1600/1610–1648)
Bauernfamilie, um 1640–1645
Leinwand, 113 × 159 cm
☛ Sully-Flügel, 2. Stock, Saal 24

Parallel zur großen Malerei entwickelte sich in Frankreich in der ersten Hälfte des 17. Jh.s eine Malkunst, die sich dem Leben des Volkes widmete, wie z.B. dieses emblematische „Bauernbild" der Brüder Le Nain. Diese im 19. Jh. wiederentdeckten Gemälde kennzeichnen sich durch ihre Transzendenz der bloßen Wirklichkeit. Die Mitglieder einer einfachen Familie, darunter ein Flöte spielendes Kind in der Mitte, scharen sich um ein Kaminfeuer.

17. Jh.–18. Jh.

Französische Malerei

Nicolas de Largillière (1656–1746)
Familienbildnis, um 1710
Leinwand, 149 × 200 cm
☛ Sully-Flügel, 2. Stock, Saal 36

Der bei seinen Zeitgenossen sehr gefragte Largillière verlieh seinen Modellen mittels seiner meisterhaften Materialeffekte Glanz, Stattlichkeit und Eleganz. Die Haltung des zwischen seinen Eltern stehenden jungen Mädchens beweist aber auch die Natürlichkeit und lebendige, zeitgemäße Spontaneität seiner Kunst.

Charles Le Brun (1619-1690)
Der Kanzler Séguier, um 1655–1657
Leinwand, 295 × 351 cm
☛ Sully-Flügel, 2. Stock, Saal 24

Dank Kanzler Séguier konnte Le Brun seine Malerausbildung in Rom vertiefen. Der zukünftige Erste Hofmaler des Königs und Direktor der Königlichen Akademie für Malerei und Bildhauerei glänzt hier mit einem schnörkellosen Porträt seines Protektors, hoch zu Rosse, majestätisch auf dem Hintergrund eines bedeckten Himmels. Der Künstler hat sich in der Figur des Knappen mit dem Sonnenschirm dargestellt.

**Hyacinthe Rigaud
(1659–1743)**
*Ludwig XIV. im
Krönungsornat*, 1701
Leinwand, 277 × 194 cm
☛ Sully-Flügel, 2. Stock, Saal 34

Rigaud, offizieller Porträtmaler von Ludwig XIV., drückt mit diesem Porträt des 63-jährigen Ludwig XIV. im Krönungsgewand das Bild per se des Absolutismus und der königlichen Würde aus. Das für den Enkel des Monarchen, den König von Spanien, bestimmte Gemälde war jedoch so gut, dass es am französischen Hof blieb.

18. Jh.

Französische Malerei

Jean-Siméon Chardin (1699–1779)
Das Tischgebet, um 1740
Leinwand, 49 × 39 cm
☞ Sully-Flügel, 2. Stock, Saal 40

Chardin reinterpretiert hier ein Thema, das bei den holländischen Malern des 17. Jh.s sehr beliebt war: Eine Mutter bringt ihren beiden Töchtern das Tischgebet bei. Diese Genre-Szene, in der in einem schlichten Rahmen und mittels einer sparsamen Komposition ein Moment aus dem alltäglichen Leben festgehalten wird, fand immediaten Anklang.

Jean-Siméon Chardin (1699–1779)
Der Rochen, vor 1728
Leinwand, 114 × 146 cm
☞ Sully-Flügel, 2. Stock, Saal 38

Dieses Werk, das Watteau zur Aufnahme in die Königliche Akademie für Malerei und Bildhauerei schuf, kennzeichnet die Anfänge des Meisters des Stilllebens. Verschiedene Figuren aus dem Tierreich (Katze, Austern, Fische) und Haushaltsgegenstände umsäumen eine durch einen enthäuteten Rochen geschaffene pyramidale Konstruktion. Die dargestellten Ojekte sind „so wahrheitsgetreu, dass sie das Auge täuschen können", schrieb Diderot.

Jean Antoine Watteau (1684–1721)
Einschiffung nach Kythera, 1717
Leinwand, 129 × 194 cm
🕭 Sully-Flügel, 2. Stock, Saal 36

Mit diesem Gemälde wurde Watteau in die angesehene Königliche Akademie für Malerei und Bildhauerei aufgenommen. Seine extrem lebhafte, manchmal sogar blitzschnelle Pinselführung inszeniert hier Liebespärchen, die Kytheria – die griechische Insel, die den Lieben und Freuden der Aphrodite gewidmet ist, – verlassen. Dieses zärtliche Schäferstück ist ein legendäres Beispiel der von Watteau erfundenen Bildgattung der „Fêtes galantes".

18. Jh.

Französische Malerei

Jean-Baptiste Greuze
(1725–1805)
Der zerbrochene Krug, 1771
Leinwand, 110 × 85 cm
🡆 Sully-Flügel, 2. Stock, Saal 51

Greuze, der eine deutliche Neigung zur sentimentalen, moralisierenden Genre-Malerei hatte, stellt das Thema der verlorenen Jungfräulichkeit mit gekonnter Untergründigkeit dar. Der unschuldige Blick des jungen Mädchens widerspricht dem zerbrochenen Krug an ihrem Arm, den auf ihrem Kleid verstreuten Blumen und ihren Händen, die auf ihren Venushügel zu deuten scheinen.

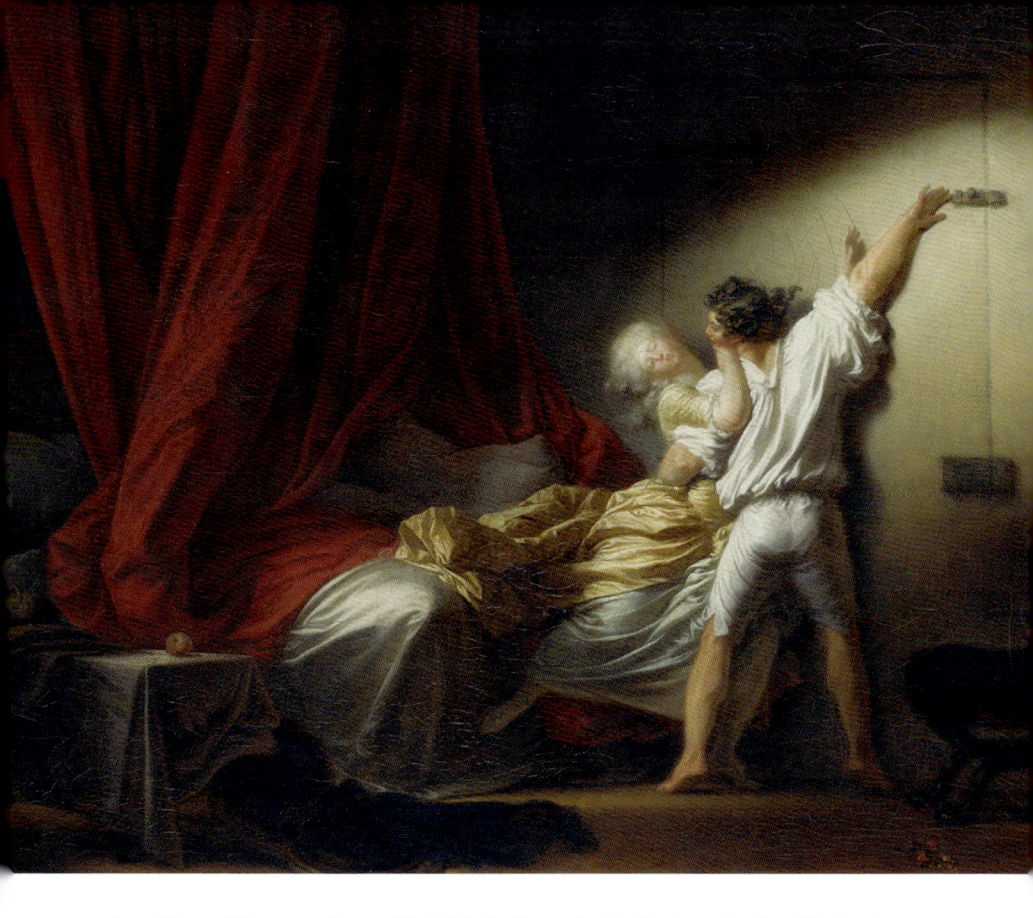

**Jean Honoré Fragonard
(1732–1806)**
Der Riegel, um 1778
Leinwand, 73 × 93 cm
☞ Sully-Flügel, 2. Stock, Saal 48

Obgleich die Geste des Liebhabers, der den Türriegel vorschiebt, darauf hindeutet, dass er gleich die Frau bestürmen wird, liegt auch ein Apfel (Symbol der Sünde) auf dem Tisch … Und die Unordnung des Eckbetts scheint darauf zu deuten, dass die Liebesfreuden bereits gekostet wurden. Fragonard, der für seine Libertinage-Szenen bekannt war, betont durch diese zeitlichen Widersprüche das Durcheinander sowie die Macht der Sinne, welche die vorromantischen Ideen ankündigen.

**François Boucher
(1703–1770)**
Diana nach dem Bade, 1742
Leinwand, 56 × 73 cm
☞ Sully-Flügel, 2. Stock, Saal 38

Die Jägerin Diana entspannt sich am Rande eines kleinen Tümpels; neben ihr eine Badende, die Dianas Fuß betrachtet. Im 18. Jh. galt ein nacktes Bein als sehr erotisch, und Boucher war berühmt für seine sinnliche Darstellung des menschlichen Körpers. Der Meister der galanten Rokoko-Malerei hatte zu seinen Lebzeiten großen Erfolg, insbesondere bei Madame de Pompadour.

Französische Malerei

18.–19. Jh.

Jacques Louis David (1748–1825)
Madame Récamier, 1800
Leinwand, 174 × 244 cm
☛ Denon-Flügel, 1. Stock, Saal 75

Obgleich unvollendet, ist dieses Bild ein Modell der idealen Schönheit. Der schlichte Rahmen zeigt Juliette Récamier, eine „Femme d'esprit", deren Salon ein Zentrum des damaligen mondänen Lebens war. David, Leitfigur des Neoklassizismus, gibt die Dekorelemente und die von der antiken Mode inspirierten Kleider präzise wieder – ein Zeichen neuer sozialer, politischer und ästhetischer Werte.

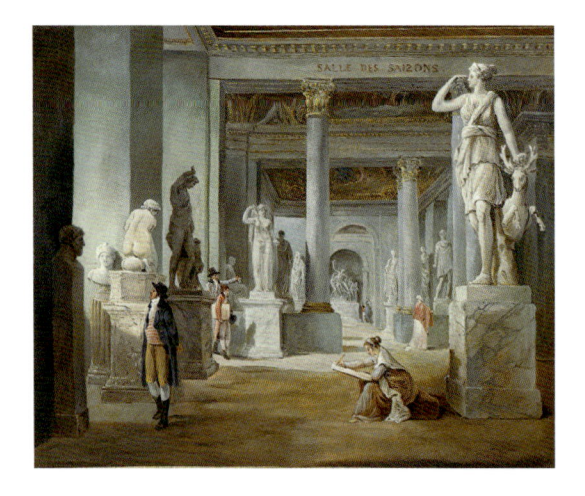

Hubert Robert (1733–1808)
Die Salle des Saisons im Louvre, um 1802
Leinwand, 37 × 46 cm
☛ Sully-Flügel, Zwischengeschoss, Saal 1

Hubert Robert glänzt durch die Darstellung von Architekturen, die er mit spektakulärer Wahrheitstreue wiedergibt, manchmal aber auch seiner Fantasie gehorchend neu zusammenstellt und dabei oftmals Ruinen malt. Hier inszeniert er die Salle des Saisons im Louvre, die 1800 eröffnet wurde. Unter den bildhauerischen Meisterwerken erkennt man im Vordergrund die *Knieende Venus* und *Diana als Jägerin* und im Hintergrund *Laokoon*.

Élisabeth Vigée-Lebrun (1755–1842)
Selbstbildnis mit Tochter, 1789
Holz, 130 × 94 cm
☛ Denon-Flügel, 1. Stock, Saal 75

Élisabeth Vigée-Lebrun, offizielle Porträtmalerin von Marie-Antoinette, setzte sich in einer Zeit, in der Frauen nur schwerlichst Zugang zu einem künstlerischen Beruf fanden, als beispielhafte Ausnahme durch. Hier stellt sie sich mit ihrer Tochter im antiken Gewand dar und verherrlicht in einem reinen, an David erinnernden Stil die Zärtlichkeit des Familienlebens.

**Jacques Louis David
(1748–1825)
Kaiserkrönung Napoleon I.,
1806–1807**
Leinwand, 621 × 979 cm
☞ Denon-Flügel, 1. Stock, Saal 75

David, der sich früher als Lobredner der Revolution hervortat, wurde 1804 zum Ersten Hofmaler des Kaisers ernannt. Ihm fiel es zu, der Kaiserkrönung von Bonaparte bzw. Napoleon I. am 2. Dezember 1804 ein malerisches Denkmal zu setzen. Doch anstatt die Krönung von Napoleon I. darzustellen, malte er die seiner Gattin Joséphine. Die großformatige, fast 10 m breite und extrem präzise Komposition setzt eine lange Reihe von Figuren (insgesamt 191) in Szene (darunter den auf den Tribünen zeichnenden

Künstler selbst), die sich unter dem Blick von Papst Pius VII. im Chor der Kathedrale Notre-Dame versammelt haben. Das propagandistische Auftragswerk verbirgt jedoch auch einige Erfindungen: Napoleons Mutter, die in Wirklichkeit willentlich abwesend war, ist ebenfalls unter dem Publikum. Dieser Beweis des Genies von David („In diesem Bild schreitet man einher", meinte der Kaiser.), der hier ein prachtvolles Schauspiel bietet, ohne der Gefahr der Schwülstigkeit oder des Bombastes zu verfallen, ist ein Manifest der großen französischen Tradition auf der Grundlage einer Wiederkehr des Klassizismus und eines politischen Engagements.

19. Jh.

Französische Malerei

**Eugène Delacroix
(1798–1863)**
*Die Freiheit führt das Volk
(28. Juli 1830)*, 1830
Leinwand, 260 × 325 cm
☞ Denon-Flügel, 1. Stock,
Saal 77

Dieses von einem buchstäblich epischen Atem belebte Gemälde erinnert an die „Glorreichen drei Tage", die Revolutionstage im Juli 1830, an denen das Pariser Volk sich gegen Karl X. erhob und der Restauration ein Ende setzte. Delacroix, der selbst kein Anhänger der politischen Gewalt war, signiert mit diesem Werk nichtsdestoweniger die Allegorie des Widerstands und des Kampfes für Gerechtigkeit. Inmitten einer aus allen sozialen Schichten zusammengesetzten Menschenmenge streckt sich eine halbnackte, mit einer Jakobinermütze bekleidete Frau empor: Sie symbolisiert die Freiheit und verkörpert den Traum des Sieges über den Despotismus. Der Leitfigur der romantischen Malerei gelingt hier eine Synthese aus Realismus und Idealismus. Trotz seiner enthusiastischen Rezeption im Salon von 1831 und seines Ankaufs durch den Staat wurde dieses Gemälde aufgrund seiner Botschaft, die Louis-Philippe während der Juli-Monarchie als zu subversiv erachtete, lange Zeit verborgen.

Théodore Géricault (1791-1824)
Das Floß der Medusa, 1819
Leinwand, 491 × 716 cm
🡆 Denon-Flügel, 1. Stock, Saal 77

Dieses Gemälde von Géricault, das als Manifest der romantischen Schule gilt, reinterpretiert den Kanon der Historienmalerei durch die Darstellung eines kontroversen Ereignisses der damaligen Zeit: 1816 erlitt eine französische Fregatte wegen der Inkompetenz ihres Kommandanten vor der Küste von Senegal Schiffbruch. Das Bild vermengt das Register des Makabren (die Schiffbrüchigen sind am Sterben, werden verrückt) mit dem Lyrismus der Hoffnung: Ein Mulatte streckt sich auf einem Fass empor und winkt einem Schiff in der Ferne.

19. Jh.

Französische Malerei

**Eugène Delacroix
(1798–1863)**
*Die Frauen von
Algier*, 1834
Leinwand, 180 × 229 cm
☞ Denon-Flügel,
1. Stock, Saal 77

Delacroix hatte das Glück, Nordafrika und den Orient zu bereisen. Er malte dieses Bild, nachdem er das seltene Privileg eines Haremsbesuchs genossen hatte. Es ist demzufolge ein dokumentarisches Zeugnis einer reizvollen, verborgen Intimität und ein extrem sinnliches Gemälde, auf dem Körperposen und Blickspiele eine Art Arabeske bilden.

Eugène Delacroix
(1798–1863)
Der Tod des Sardanapal,
1827
Leinwand, 392 × 496 cm
☛ Denon-Flügel, 1. Stock, Saal 77

Dieses skandalöse Bild, das die Verteidiger des Klassizismus nicht verstanden und deshalb verschrieen, wurde 1828 verspätet im Salon vorgestellt, da Delacroix viel Zeit auf dessen Vollendung verwandte. Es stellt eine in schillernden Farbtönen gestaltete, schreckliche Szene dar: Ein assyrischer König – wohlwissentlich, dass er bei der Plünderung seines Palastes umkommen wird, – befielt die Zerstörung all seiner Reichtümer: Er lässt seinen Besitz verbrennen und seine Frauen, Sklaven und Tiere hinrichten...

Jean Auguste Dominique Ingres
(1780–1867)
Die große Odaliske,
1814
Leinwand, 91 × 162 cm
☛ Denon-Flügel, 1. Stock, Saal 75

Ingres, der nie in den Orient gereist war, gab sich nichtsdestotrotz der orientalistischen Welle hin. Bei der Gestaltung solcher Bilder stützte er sich auf seine persönlichen Projektionen. Hier versah er das Aktporträt einer Frau, deren Anantomie widernatürlich ist, mit Zeichen ottomanischer Inspiration (Wasserpfeife, Turban). Um die Körperlinien noch fließender, sinnlicher zu machen, fügte Ingres dem Rücken der Frau einfach drei Wirbel hinzu!

Französische Malerei

19. Jh.

Hippolyte Flandrin (1809–1864)
Jüngling am Meeresufer, 1837
Leinwand, 98 × 124 cm
☞ Sully-Flügel, 2. Stock, Saal 63

Flandrin, der Ingres' Lieblingsschüler war, hatte wie Letzterer einen außergewöhnlichen Sinn für die Linie. Dieses Bild, das er während seiner Pensionärszeit in der Akademie von Rom gemalt hat, zeigt einen sitzenden, zusammengekauerten, melancholischen Mann am Rande eines Felsens. Die Mittelmeerlandschaft und die blauen und grünen Farbakzente verleihen diesem geheimnisvollen Aktbild eine ideale Schönheit.

Jean Auguste Dominique Ingres (1780–1867)
Das türkische Bad, 1862
Leinwand, d. 108 cm
☞ Sully-Flügel, 2. Stock, Saal 60

Ingres vollendete dieses Gemälde gegen Ende seiner Karriere. Das 1859 in einem rechteckigem Format an den Cousin von Napoleon II. verkaufte Werk, wurde mehrfach überarbeitet und mit zusätzlichen Elementen (insbesondere zum Thema der Badenden) versehen: Die berühmte *Große Badende* diente der zart beleuchteten Rückenfigur im Vordergrund als Modell. Mit dieser fantasmatischen Vision eines türkischen Harems voller lasziver Körper in einer berauschenden Atmosphäre zeigt uns der Maler das Höchstmaß seiner Kunst.

Italienische Malerei

13.–14. Jh.

**Cenni di Pepi, gen. Cimabue
(bekannt von 1272 bis 1302)**
Maria mit den Engeln, um 1280
Holz, 427 × 280 cm
☞ Denon-Flügel, 1. Stock, Saal 3

Die ikonografische Darstellung der frontal thronenden Maria mit dem Jesuskind wird als *Maestrà* bezeichnet. Sechs Engel umgeben sie. Dieses Monumentalwerk mit seinem prachtvollen Goldgrund verdanken wir Cimabue, dem bedeutenden florentinischen Künstler aus dem 13. Jh., dessen Stil sich zwischen byzantinischer Tradition (hieratische Ästhetik) und Frührenaissance (mehr Sensibilität und Menschlichkeit) bewegt.

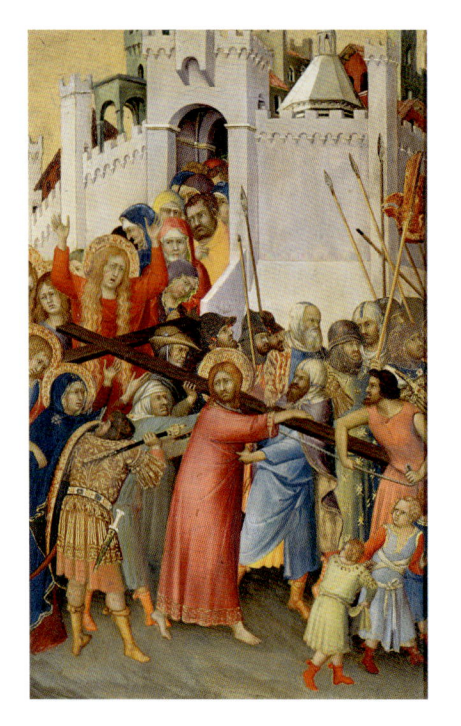

Simone Martini (um 1284-1344)
Die Kreuztragung, um 1335
Holz, 30 × 20 cm
☞ Denon-Flügel, 1. Stock, Saal 4

Martini, ein brillanter Vertreter der gotischen Malerei in Siena, stellt hier einen Abschnitt aus der Passion Christi dar: Sein Kreuz tragend, besteigt der zu Tode Verurteilte den Berg Golgotha. Um ihn herum sehen wir seine Henker und die ihm Nahestehenden (darunter die Jungfrau Maria, den Jünger Johannes und Maria Magdalena), die mit einem Heiligenschein gekennzeichnet sind. Die zahlreichen Figuren bilden eine erlesene Komposition, die sich durch grafische Rythmen, Raumtiefe und eine schillernde Chromatik kennzeichnet.

Giotto di Bondone (um 1267–1337)
Die Stigmatisierung des hl. Franz von Assisi,
um 1295–1300
Holz, 313 × 163 cm
☞ Denon-Flügel, 1. Stock, Saal 3

Giotto, der den Ausdruck intensiviert und sehr auf eine naturalistische Darstellung des Dekors achtet, erneuerte, einem Vater der Renaissance gleich, die florentinische Malerei durch die Einführung von Volumen und Raumtiefe grundlegend. Der als Einsiedler und von Gebeten lebende heilige Franz empfängt von Christus, der am Himmel als Seraph erscheint, fünf Wundmale: die Kreuzigungsstigmata.

Italienische Malerei — 15. Jh.

**Guido di Pietro,
gen. Fra Angelico
(um 1395/1400–1455)**
Marienkrönung,
um 1430-1435
Holz, 209 × 206 cm
☞ Denon-Flügel, 1. Stock, Saal 3

Michelangelo sagte über Fra Angelico, dass er das Paradies vor seiner Geburt besucht haben müsste, um die sakrale Welt so gut schildern zu können. Doch Fra Angelico, ein in einem Orden lebender Berufsmaler der gotischen Tradition, entpuppt sich durch seine zahlreichen optischen Strukturen, mit denen er den Eindruck einer Perspektive schafft, auch als sehr modern.

Paolo di Dono, gen. Uccello (1397–1475)
Die Schlacht von San Romano: der Gegenangriff von Micheletto da Cotignola,
um 1455–1456
Holz, 182 × 317 cm
☛ Denon-Flügel, 1. Stock, Saal 3

Uccello, der ein ebenso genialer Neuerer als auch ein treuer Vertreter der gotischen Ästhetik war, evoziert in diesem von Cosimo de Medici in Auftrag gegebenen dekorativen Tafelbild, die Schlacht, bei der sich die Truppen aus Florenz und aus Siena 1432 gegenüberstanden. Obwohl es dem Künstler gelang, dieser Szene durch die verschiedenen Maßstäbe der in sich verschlungenen Figuren Relief und Raumtiefe zu verleihen, ist sie nicht minder irreal und deshumanisiert.

15. Jh.

Italienische Malerei

Domenico di Tommaso Bigordi, gen. Ghirlandaio (1449–1494)
Großvater und Enkel, um 1490
Holz, 62 × 46 cm
☞ Denon-Flügel, 1. Stock, Saal 5

Ghirlandaio, der Ende des 15. Jh.s ein bedeutendes Atelier in Florenz leitete, signiert hier ein Werk zum Thema der Lebensalter des Menschen: Dargestellt ist ein Greis, dessen unattraktives Äußeres mit der Frische des Kindes kontrastiert. Das Bild zeichnet sich durch die Qualität der chromatischen Kontraste, der sensibel gstalteten Landschaft im Hintergrund und durch die Ausdruckstiefe seiner Figuren aus.

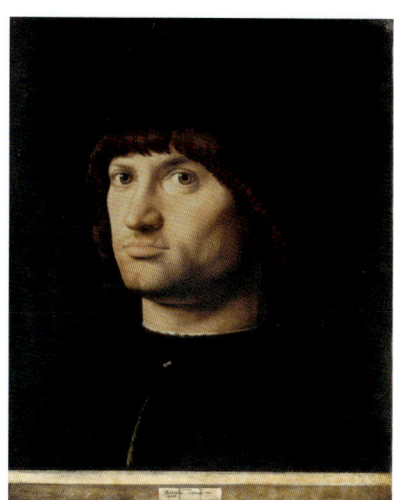

Antonio Pisano, gen. Pisanello
(vor 1395– 1455)
Prinzessin aus dem Hause d'Este, um 1436–1438
Holz, 43 × 30 cm
☞ Denon-Flügel, 1. Stock, Saal 4

Piero della Francesca (um 1416/1417–1492)
Sigismondo Malatesta, um 1451
Holz, 44 × 34 cm
☞ Denon-Flügel, 1. Stock, Saal 4

Antonello da Messina (um 1430–1479)
Männerbildnis, gen. Der Condottiere, 1475
Holz, 36 × 30 cm
☞ Denon-Flügel, 1. Stock, Saal 5

Im Quattrocento experimentierte man mit zahlreichen ikonografischen Darstellungen der menschlichen Figur. In den von Pisanello und Piero della Francesca signierten Porträts ist Letztere im Profil dargestellt und erinnert an die traditionelle Form der Medaillons, unter gleichzeitiger starker Hervorhebung der malerischen Details (Hautfarbe, prachtvolle Kleider, Dekore). Bei Antonello da Messina, der auf meisterhafte Weise alle technischen Eigenschaften der Ölmalerei nutzt, ist das Gesicht im Dreiviertelprofil mit außergewöhnlicher Präzision dargestellt. Das Relief der Knochen, der Glanz der Augen sowie die Körperbehaarung verleihen dem Modell konkrete Präsenz.

Italienische Malerei

15. Jh.

Pietro di Cristoforo Vannucci, gen. Perugino (um 1450–1523)
Apollo und Marsyas, um 1495
Holz, 39 × 29 cm

Der ursprünglich aus Umbrien stammende Perugino leitete die zwei wichtigsten Ateliers in Florenz und Perugia. Hier veranschaulicht der Maler den musikalischen Wettstreit zwischen Apollo und dem jungen Satyr Marsyas. Die präzise gestalteten Proportionen und die Anmut des nackten Körpers erinnern daran, wie sehr die Renaissance vom antiken Ideal geprägt ist.

Andrea Mantegna (1431–1506)
Der heilige Sebastian, um 1480
Leinwand, 255 × 140 cm
☞ Denon-Flügel, 1. Stock, Saal 5

Sebastian, der aufgrund seiner Treue zum christlichen Glauben zum Martyrer wurde, ist hier von Pfeilen durchbohrt an eine Säule gefesselt. Mantegna stellt ihn mit muskulösem Körper und zum Himmel gewandtem Blick dar. Der Dekor, der von (damals in Italien wiederentdeckten) antiken Ruinen übersät ist, beweist die archäologische Bildung des Künstlers sowie sein Gefallen an illusionistischen Effekten.

Alessandro Filipepi, gen. Botticelli (um 1445–1510)
Venus und die drei Grazien bringen einem jungen Mädchen Geschenke (Detail), um 1480–1483
Freske, 211 × 283 cm
☛ Denon-Flügel, 1. Stock, Saal 1

Dieses Fresko aus der Villa Lemmi in der Nähe von Florenz verdeutlicht die Eleganz von Botticellis Stil, der sich durch betont sinnliche Kurven und zarte Farbtöne kennzeichnet. Stark vom Humanismus der Renaissance beeinflusst, verbindet Botticelli sein von der Mythologie inspiriertes Sujet mit den neoplatonischen Theorien. Die von den Grazien begleitete Venus überreicht einem jungen Mädchen ein Geschenk, das den Zugang zum Schönen symbolisiert.

16. Jh.

Italienische Malerei

Leonardo di ser Piero da Vinci, gen. Leonardo da Vinci (1452-1519)
Johannes der Täufer,
um 1516–1517
Holz, 69 × 57 cm
☞ Denon-Flügel, 1. Stock, Saal 5

Wahrscheinlich stand Salaï, Da Vincis Assistent, bei dieser Figur mit ihrem entwaffnend schönen Lächeln Modell. Unabhängig von dem genialen Einfall des gegen den Himmel deutenden Zeigefingers, der auf das Kommen des Messias hindeutet, bestätigt der Schatten neben dem Licht von Johannes dem Täufer Leonardo Da Vincis meisterhafte Beherrschung der Hell-Dunkel-Technik.

★ ❽

Leonardo di ser Piero da Vinci, gen. Leonardo da Vinci (1452–1519)
Bildnis der Lisa Gherardini del Giocondo, gen. Gioconda oder Mona Lisa,
um 1503–1506
Holz, 77 × 53 cm
☞ Denon-Flügel, 1. Stock, Saal 6

Die **Mona Lisa**, ein Werk, das ein legendäres Schicksal hatte und wetteifrig interpretiert und parodiert wurde, ist wahrscheinlich ein Auftragswerk, das zwischen 1503 und 1506 in Florenz geschaffen wurde: Es handelt sich um das Bildnis der Lisa Gherardini, Gattin des florentinischen Tuchhändlers Francesco del Giocondo. Das Bild wurde jedoch seinen Auftraggebern nicht übergeben: Der Maler, der es als unvollendet erachtete, nahm es nach Frankreich mit, und sein Schüler Salaï brachte es nach seinem Tod nach Italien zurück. Wir wissen nicht, wie das Bild später in die Sammlungen von Franz I. gelangte. Obgleich die Identität des Modells umstritten ist (einige Meinungen gingen sogar so weit, darin ein androgynes Selbstbildnis zu erkennen), gilt die Mona Lisa nichtsdestoweniger als ein weibliches Schönheitsideal. Ihr extrem reines Gesicht ist von einem geheimnisvollen Lächeln erfüllt, das zu ihrem Mythos beigetragen hat. Das im Dreiviertelprofil dargestellte Modell sitzt vor einer Loggia, hinter der sich eine imaginäre Landschaft entfaltet, die einen Übergang zwischen der irdischen und der göttlichen Welt zu symbolisieren scheint.

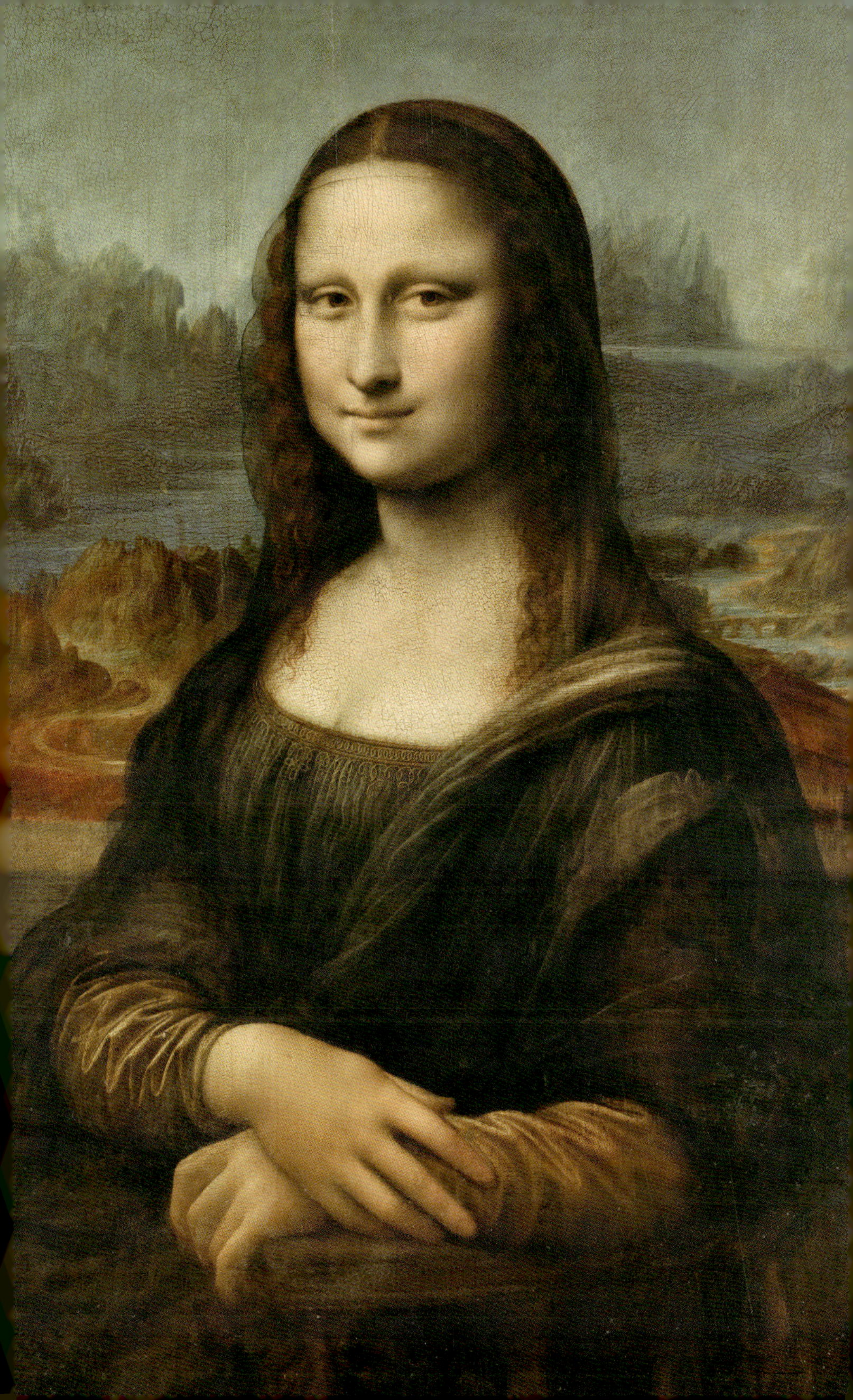

16. Jh.

Italienische Malerei

Leonardo di ser Piero da Vinci, gen. Leonardo da Vinci (1452–1519)
Die heilige Anna Selbtritt,
um 1508–1510
Holz, 168 × 130 cm
☞ Denon-Flügel, 1. Stock, Saal 5

Da Vincis berühmtes *sfumato* umhüllt auf subtile Weise diese ungeläufige, vom Mittelalter überlieferte Szene: Die heilige Junfrau – mit einem Kind, das mit einem Schaf spielt (Symbol des kommenden Martyriums), in den Armen – sitzt auf dem Schoß ihrer Mutter Anna. Der pyramidale Bildaufbau wird durch die gewundenen Linien, welche die zarten Familienbande darstellen, ausgeglichen.

Raffaello Santi oder Sanzio, gen. Raffael (1483–1520)
Maria mit Christuskind und dem Johannesknaben, gen. Die schöne Gärtnerin,
1507
Holz, 122 × 80 cm
☛ Denon-Flügel, 1. Stock, Saal 5

Diese aus Raffaels florentinischer Zeit stammende Madonna mit Kind stellt eine eher mütterliche als religiöse Schäferszene dar. Raffael, der oftmals Michelangelo als Giganten der italienischen Renaissance gegenübergestellt wurde, setzte sich schließlich unter den für den Papst arbeitenden Künstlern durch und trug mit seinen Monumentalfresken im Vatikan zum päpstlichen Ruhm bei.

16. Jh.

Italienische Malerei

Raffaello Santi oder Sanzio, gen. Raffael (1483–1520)
Bildnis des Baldassare Castiglione, 1514-1515
Leinwand, 82 × 67 cm
☞ Denon-Flügel, 1. Stock, Saal 5

Raffael malte zahlreiche Porträts. Hier stellt er Castiglione dar, eine humanistische Persönlichkeit der Stadt Mantua, Autor des *Buchs vom Höfling*, das im 16. Jh. einen beachtenswerten Erfolg hatte. Der Maler stellt ihn gemäß dem Bild des idealen Edelmanns dar, das Castiglione in seinem Buch beschreibt – maßvoll und dennoch reich bekleidet, mit einem extrem scharfen Blick ausgestattet.

Tiziano Vecellio, gen. Tizian (1488/1490–1576)
Der Mann mit dem Handschuh, um 1520–1523
Leinwand, 100 × 89 cm
☞ Denon-Flügel, 1. Stock, Saal 6

Tizians Ruf als Porträtmaler des päpstlichen, königlichen und kaiserlichen Hofs (insbesondere als Maler von Karl V.) machte den Künstler einem Prinzen ebenbürtig. Der unangefochtene Meister der venezianischen Malerei liefert uns hier ein extrem natürliches Porträt mit perfekt kontrollierten Hell-Dunkel-Kontrasten, dessen Ausdruck zwischen Nonchalance und Tiefsinnigkeit oszilliert.

Tiziano Vecellio, gen. Tizian (1488/1490–1576)
Ländliches Konzert,
um 1510
Leinwand, 105 × 137 cm
☞ Denon-Flügel, 1. Stock, Saal 6

Die Durchführung dieses Werks wird Tizian zugeschrieben, obgleich das Thema von Giorgione stammt. Die Deutung dieses Bildes ist ein Rätsel. Es könnte sich um eine Allegorie der Poesie handeln, wobei die nackten Frauen in diesem Fall Fantasiegebilde der beiden Männer wären. Dieses berühmte und oftmals kopierte Werk inspirierte Manet zu seinem nicht minder berühmten Werk *Das Frühstück im Grünen* von 1863.

Paolo Caliari, gen. Veronese (1528-1588)
Die Hochzeit zu Kana, 1562-1563
Leinwand, 677 × 994 cm
☞ Denon-Flügel, 1. Stock, Saal 6

Das Thema dieses Monumentalgemäldes, das von den Benediktinern von San Giorgio Maggiore für ihr Refektorium in Auftrag gegeben wurde, ist für Veronese ein ikonografischer Vorwand, den er mit viel Fantasie neuinterpretiert. Diese Bibelgeschichte, bei der Jesus Wasser in Wein verwandelt, inspirierte Veronese zu einer Bankettszene, die einem prachtvollen venezianischen Fest gleicht und in einem architektonischen Perspektivrahmen eingebetet ist, der einer Theaterinszenierung des 16. Jh.s würdig ist. Maria und Jesus sitzen in der Mitte, umgeben von zahlreichen (insgesamt 130!) Personen, die – mit Ausnahme der Jünger – sie nicht beachten. Dieser symetrisch konzipierte Dekor – eine Hommage an die Pracht der Serenissima – inszeniert die Werkstoffe Marmor, ein Material, das sich nach und nach gegenüber dem Holz im Städtebau Venedigs durchgesetzt hat, Glas (durch die Tafelkünste) sowie Textilien, die dem Gemälde mittels ihrer Stickereien schillernde Farben verleihen. Die Musiker im Vordergrund stellen anscheinend die großen Meister der venezianischen Malerei dar: Tizian, Tintoretto, Bassano und Veronese (in Weiß gekleidet).

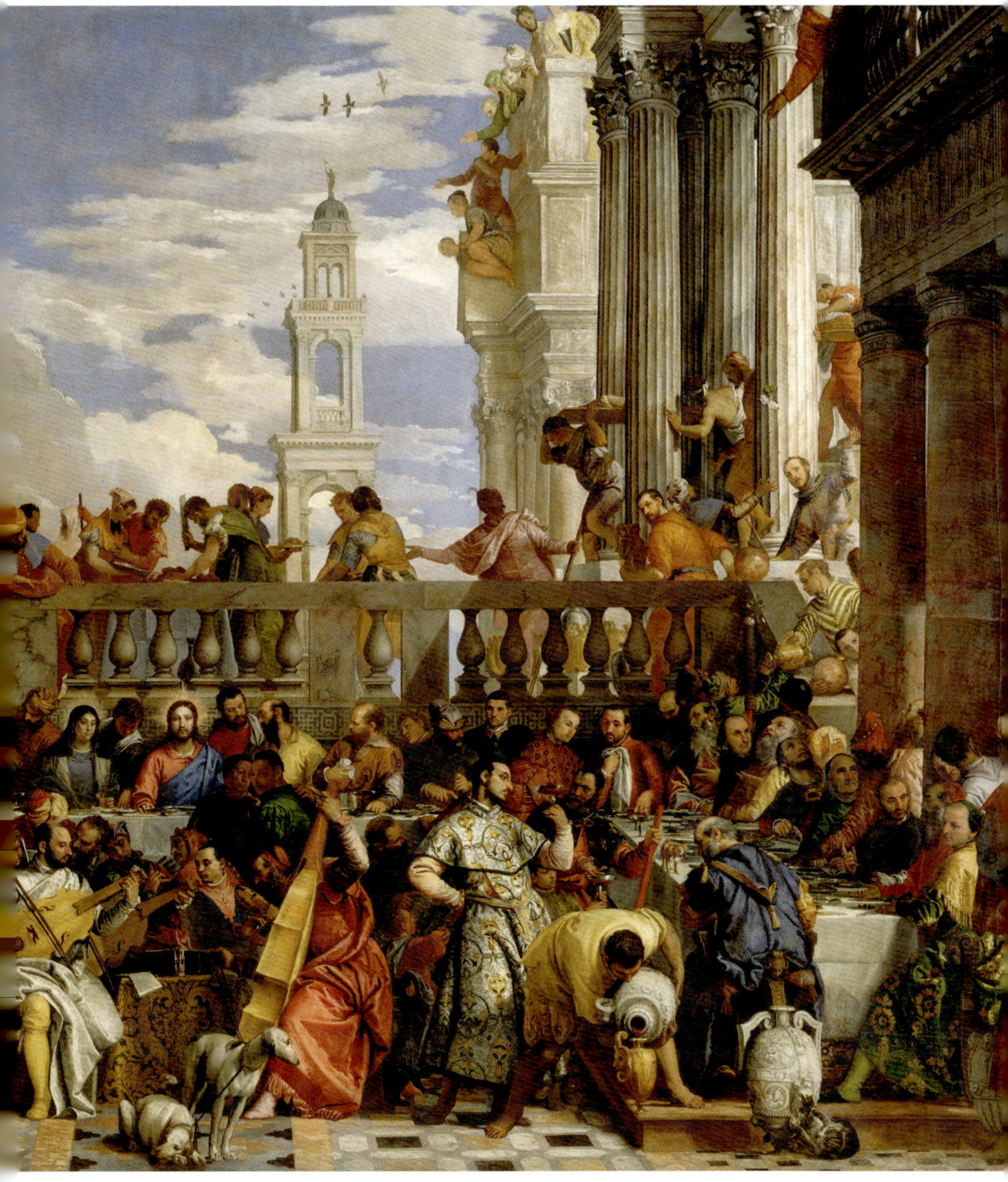

16.–17. Jh.

Italienische Malerei

Michelangelo Merisi, gen. Caravaggio (1571–1610)
Die Wahrsagerin, um 1595–1598
Leinwand, 99 × 131 cm
☞ Denon-Flügel, 1. Stock, Saal 8

Mit diesem profanen Thema – eine Zigeunerin stiehlt ihrem Opfer beim Handlesen einen Ring – führt Caravaggio eine vollkommen neue Malsprache ein, die Nacheiferer fand. Der große Meister der Hell-Dunkel-Malerei, dem die Repräsentation der Wirklichkeit und der einfachen Menschen am Herzen lag, beweist hier manieristische Eleganz und einen extrem präzisen realistischen Stil.

Michelangelo Merisi, gen. Caravaggio (1571–1610)
Der Tod der Jungfrau, 1605–1606
Leinwand, 369 × 245 cm
☞ Denon-Flügel, 1. Stock, Saal 8

Caravaggio hatte die Gewohnheit, Leute auf der Straße zu bitten, ihm Modell zu sitzen. Deswegen sieht die sterbende Jungfrau Maria, die von emotional extrem bewegten Personen umgeben ist, so menschlich aus. Die Priester der Kirche Santa Maria della Scala, für die das Gemälde bestimmt war, waren über dessen Naturalismis schockiert und lehnten es ab.

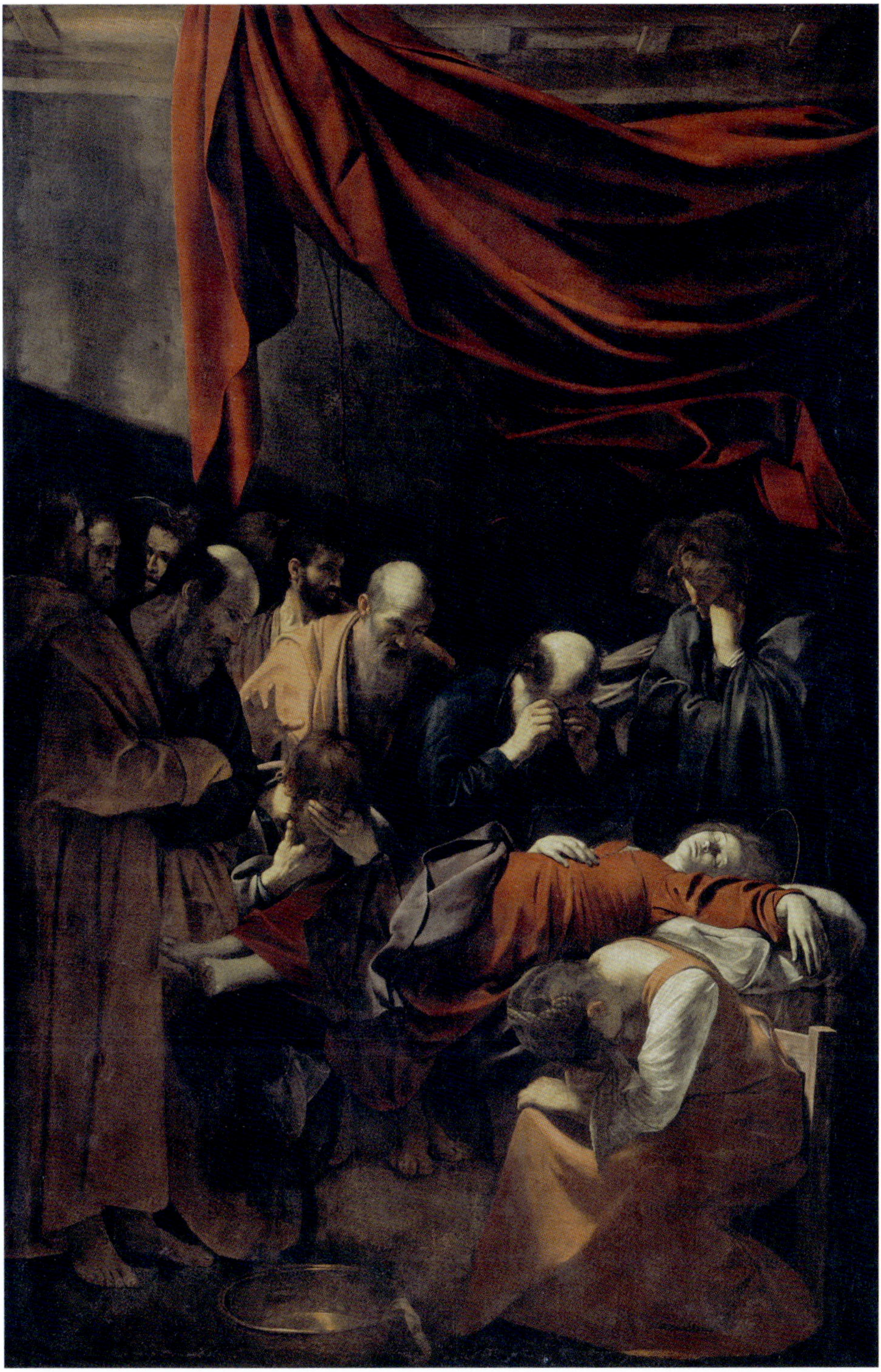

18. Jh.

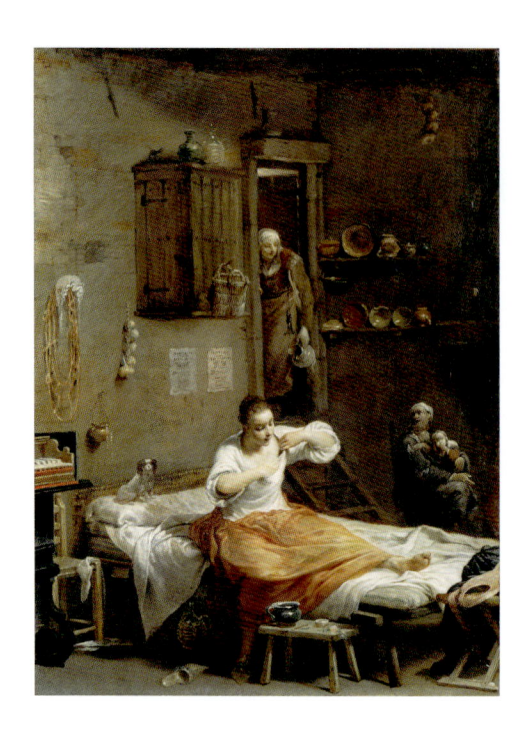

Italienische Malerei

**Giuseppe Maria Crespi
(1665–1747)**
*Die Frau mit der Laus,
um 1720-1730*
Leinwand, 55 × 41 cm
☞ Denon-Flügel, 1. Stock, Saal 26

Dieses Werk gehört anscheinend zu einer Serie, die das Leben einer aus armen Verhältnissen stammenden Sängerin darstellt. Der bolognesische Künstler, der ein aufmerksamer Betrachter der holländischen Malerei war, liefert hier eine reizvolle Evozierung, die mit ihren in einem bescheidenen Dekor verstreuten Zeichen des Reichtums (Rassehund, Pantoffeln – vielleicht eine Anspielung auf einen Liebhaber) wie eine Schnitzeljagd angelegt ist.

**Giandomenico Tiepolo
(1727–1804)**
*Karnevalsszene,
um 1754–1755*
Leinwand, 80 × 110 cm
☞ Denon-Flügel, 1. Stock,
Saal 25

Giandomenico Tiepolo war ein treuer Mitarbeiter seines Vaters Giambattista, der sich als einer der größten Dekorateure seiner Zeit durchsetzte und dem dieses Gemälde lange Zeit zugeschrieben wurde. Aber auch sein persönliches Werk war bedeutend, insbesondere seine Darstellungen des Karnevals von Venedig, das damals einen politischen wie auch wirtschaftlichen Niedergang erlebte.

**Francesco Guardi
(1712–1793)**
*Der Doge nimmt
am Karneval auf
der Piazzetta teil,
1766–1770*
Leinwand, 67 × 100 cm

Guardi, der letzte große Vertreter der venezianischen Malerei, glänzte gleich Canaletto in der Vedutà, einem Genre, das im 18. Jh. in voller Blüte war. Die Bildgattung definiert sich durch die für Touristen bestimmte Darstellung der prachtvollen Architektur Venedigs. Dieses Gemälde gehört zu einer Serie, welche die Feierlichkeiten anlässlich der Wahl des Dogen Alvise IV. Mocenigo evoziert.

Spanische Malerei

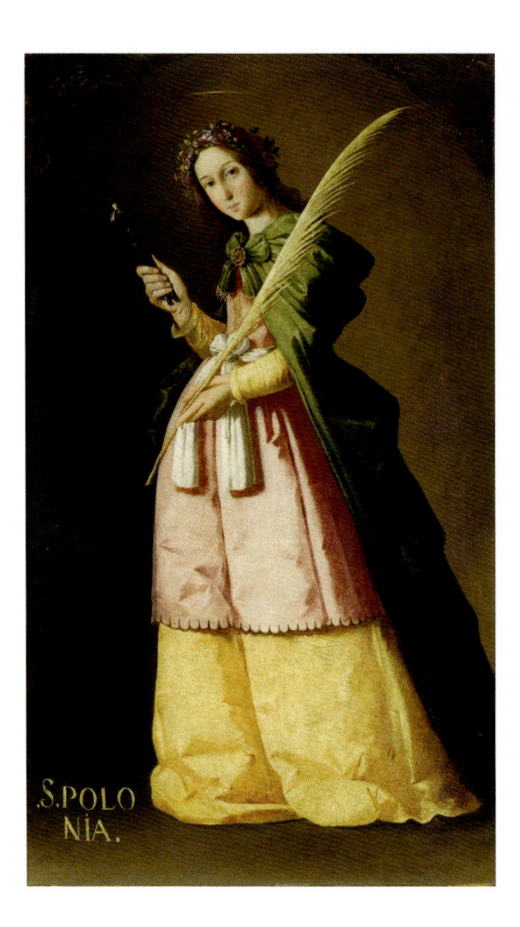

16.-17. Jh.

**Francisco de Zurbarán
(1598–1664)**
Heilige Apollonia, um 1636
Leinwand, 116 × 66 cm
☞ Denon-Flügel, 1. Stock, Saal 26

Zurbarán galt im 17. Jh. als der „spanische Caravaggio". Er machte eine brillante Karriere in Sevilla und Madrid, wo man seinen Sinn für die menschliche Figur, die Geschmeidigkeit seiner Linie und die chromatische Energie seiner Werke genoss. Die in schillernden Farben gekleidete Heilige mit ihren rosigen Wangen stellt Apollonia dar, eine Märtyrerin des 2. Jh.s: Laut Legende wurde ihr, da sie Christin war, der Kiefer samt Gebiss zertrümmert. In ihren Händen die Instrumente ihrer Marter haltend, blickt sie dem Betrachter frontal entgegen. Die Eleganz sowie der Realismus der Details verleihen dem Werk einen profanen Geist.

**Domenikos Theotokopoulos, gen. El Greco
(1541–1614)**
Christus am Kreuz mit zwei Stiftern,
um 1585–1590
Leinwand, 260 × 171 cm
☞ Denon-Flügel,
1. Stock, Saal 26

Diese in Toledo geschaffene Kreuzigungsszene beweist die Besonderheit des aus Kreta stammenden Künstlers El Greco, der den Hauptteil seiner Karriere in Spanien verbrachte, nachdem er sich zuvor in Venedig und Rom aufgehalten hatte, wo er sich insbesondere über Tintoretto mit den Lehren des späten Manierismus vertraut gemacht hat. Die anonymen Auftraggeber des Werks sind zu Füßen des agonisierenden Jesus dargestellt, während sich im Hintergrund dunkle Wolkenmassen zusammenziehen.

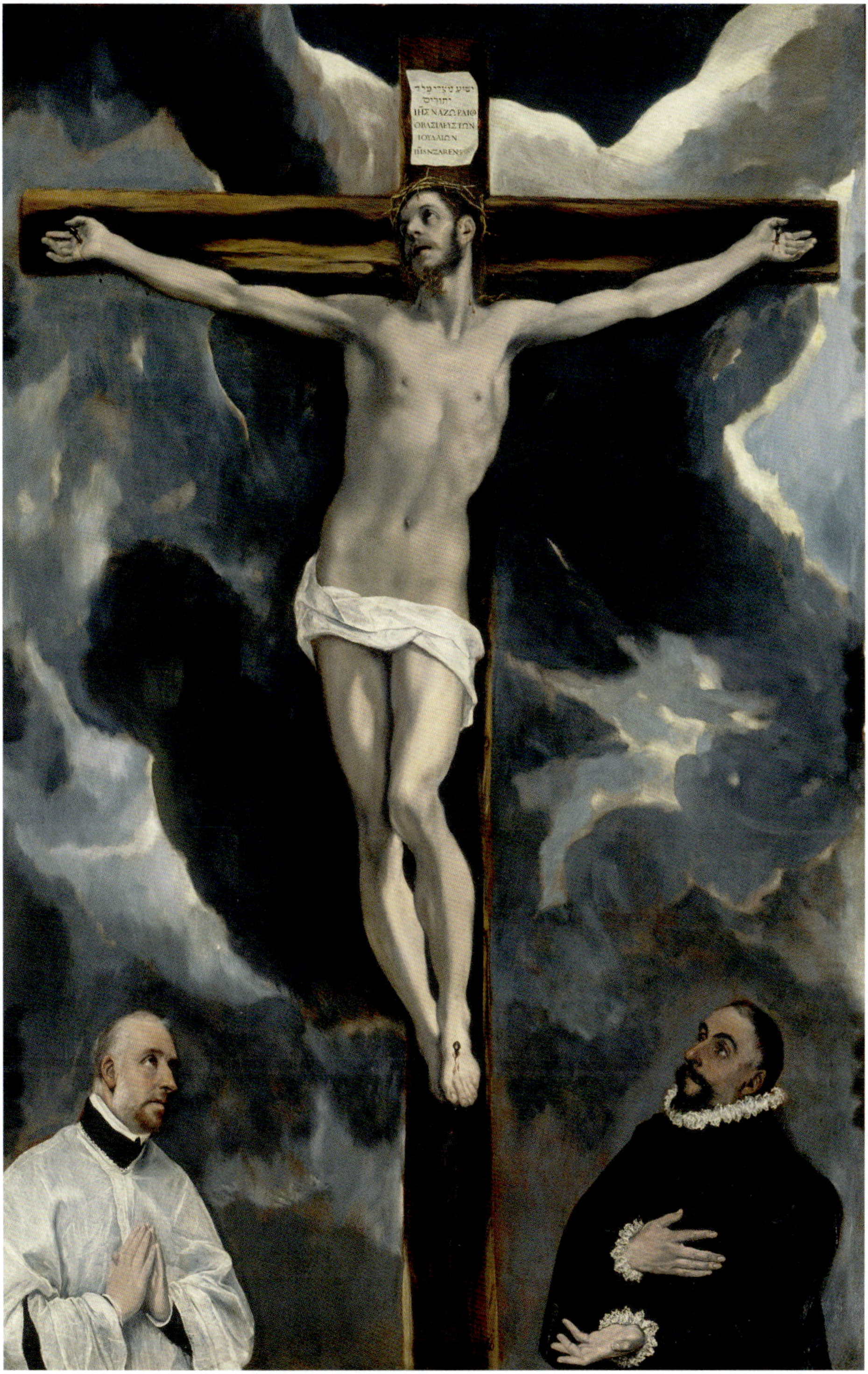

17.–18. Jh.

Spanische Malerei

Jusepe de Ribera (1591–1652)
Der Klumpfuß, 1642
Leinwand, 164 × 93 cm
☛ Denon-Flügel, 1. Stock, Saal 26

Der Künstler, der seine Karriere größtenteils in Neapel im Dienste der spanischen Vize-Könige verbrachte, hatte mit seinen populären Sujets großen Einfluss auf seine Landsmänner des Goldenen Zeitalters Spaniens. Mit ausgeprägtem Realismus stellt er hier die Unförmigkeit eines jungen Krüppels dar, der in seiner Hand ein auf Latein geschriebenes Dokument hält, das ihn zum Betteln ermächtigt. Darauf zu lesen ist „Gebt mir um der Liebe Gottes Willen ein Almosen."

Bartolomé Esteban Murillo (1618–1682)
Der junge Bettler, um 1650
Leinwand, 134 × 110 cm
☛ Denon-Flügel, 1. Stock, Saal 26

Diese Genre-Szene, die von starken durch Dunkelheit und natürliches Licht geschaffene Kontraste belebt wird, zeigt einen Straßenjungen, der sich entlaust. Neben ihm liegen Garnellenschalen, Zeichen einer kargen Malzeit. Diese Art von sentimentaler Bildwelt hatte in der Ikonografie großen Erfolg. Durch seine aufgehellte Pallette weicht der Künstler aus Sevilla jedoch von der Hell-Dunkel-Welt des Caravaggismus ab.

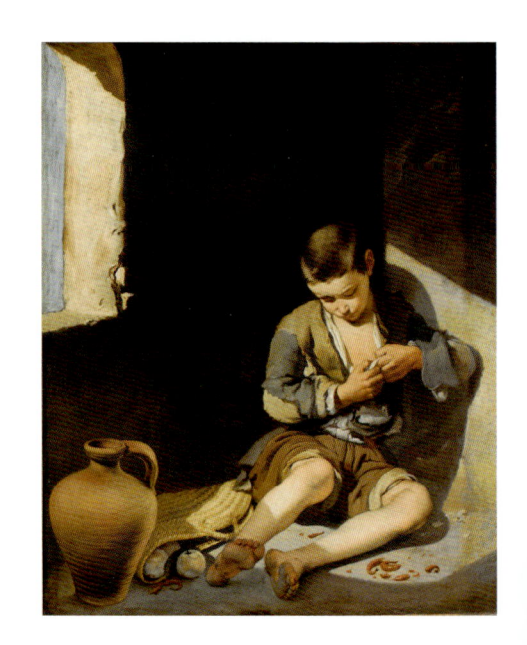

Francisco José de Goya y Lucientes (1746–1828)
Die Marquise De la Solana, um 1793–1794
Leinwand, 181 × 122 cm
☛ Sully-Flügel, 2. Stock, Saal A

Goya malte dieses Porträt der Maria Rita Barrenechea, Gattin von Graf del Carpio, in der zweiten Hälfte seiner Karriere, während der er sich von der Suche nach offiziellen Positionen emanzipierte, um sich freier auszudrücken. Im Lichte der damals ebenfalls lebenden großen englischen Porträtmaler Gainsborough und Reynolds erneuerte Goya die Porträtkunst seines Meisters Velázquez. Die Haltung des Modells deutet auf seine Bewunderung für diese „femme de lettres" hin, wogegen das traurig-müde Gesicht sein Mitleid ausdrückt: Die Marquise wusste um ihr Schicksal und gab dieses Bild bei Goya für ihre Tochter in Auftrag.

15. Jh.

Malerei des Nordens

**Jan Van Eyck
(um 1390/1400–1441)**
Die Madonna mit Kanzler Rolin, um 1435
Holz, 66 × 62 cm
☞ Richelieu-Flügel, 2. Stock, Saal 5

Van Eyck gilt als Entdecker der Ölmalerei, obwohl er sie eher perfektioniert als erfunden hat und so eine extrem präzise Bilddarstellung ermöglichte. Der Auftraggeber des Werks, Nicolas Rolin, Kanzler von Burgund, ist hier im selben Maßstab wie die Jungrau mit Kind, an die er seine Gebete richtet, dargestellt. Der Künstler, der den Ruf eines hervorragenden Illusionisten hat, stellt im Hintergrund auf sehr realistische Weise eine imaginäre Landschaft dar.

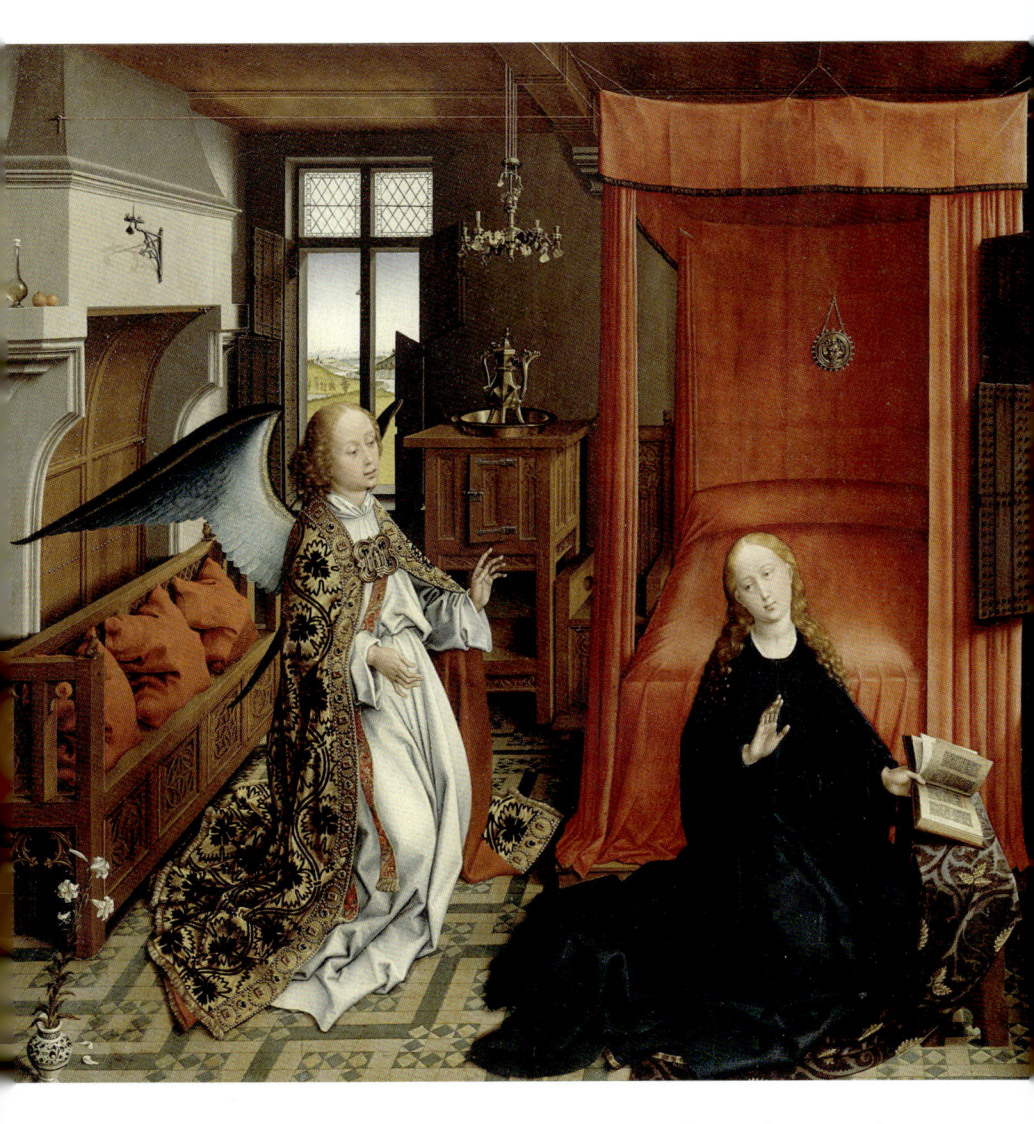

Werkstatt von Rogier Van der Weyden (1399/1400–1464)
Die Verkündigung, um 1435
Holz, 86 × 93 cm

Der aus Tournai stammende Maler ist neben Van Eyck der Gründer der großen flämischen Maltradition des 15. Jh.s. Er inszeniert seine Verkündigungsszene in einem komfortabeln und reich dekorierten Interieur. Wahrscheinlich wurde das Werk laut eigener Aussage um 1435 kurz nach seiner Niederlassung in Brüssel von seiner Werkstatt geschaffen.

15.-16. Jh.

Malerei des Nordens

Hieronymus Bosch (um 1450–1516)
Das Narrenschiff, um 1490–1500
Holz, 58 × 32 cm
☞ Richelieu-Flügel, 2. Stock

Das im 16. Jh. sehr berühmte, mit zahlreichen Symbolen versehene Werk von Bosch muss im Kontext der damaligen spirituellen Krise betrachtet werden, die von der Veröffentlichung von Erasmus' *Lob der Torheit* geprägt war. Das abgedriftete Narrenschiff brandmarkt durch seine alptraumhafte Atmosphäre die Dekadenz eines sich Exzessen hingebenden Klerus sowie die Orientierungslosigkeit der Christen.

Pieter Bruegel der Ältere (um 1525–1569)
Die Bettler, 1568
Holz, 18,5 × 21,5 cm
☞ Richelieu-Flügel, 2. Stock, Saal 12

Der humanistische Künstler Bruegel, der die Sitten seiner Zeit seinem ätzenden Blick unterzog, stellt hier Krüppel dar. Die Bedeutung dieser Szene ist rätselhaft: Handelt es sich um eine Karnevalsszene, in der jede Figur eine soziale Gruppe darstellt, oder um die Evozierung des „Bettleraufstands", der holländischen Revolte gegen die spanische Vorherrschaft?

Quentin Metsys
(1465/1466–1530)
Der Geldwechsler und seine
Frau, **1514**
Holz, 70 × 67 cm
☛ Richelieu-Flügel, 2. Stock, Saal 9

Das in der reichen Stadt Antwerpen, wo Metsys nach seiner Ausbildung in Löwen eine brillante Karriere machte, geschaffene Bild kennzeichnet die Anfänge der holländischen Genre-Malerei. Der Blick der Frau wendet sich von ihrem Gebetsbuch ab, um genauestens ihren Gatten beim Geldzählen zu beobachten, und weist auf einen moralisierenden Diskurs hin. Im Spiegel im Vordergrund ist ein faszinierendes, kleines Selbstbildnis zu sehen.

17. Jh.

Malerei des Nordens

Pierre Paul Rubens (1577–1640)
Hélène Fourment mit einer Kutsche, um 1639
Holz, 195 × 132 cm
☛ Richelieu-Flügel, 2. Stock, Saal 21

Der in ganz Europa geschätzte Antwerpener Künstler war auch ein kluger Geschäftsmann, der eine sehr geschäftige Werkstatt leitete. Die offensichtliche Opulenz dieses Porträts seiner zweiten Frau, die hier nach der spanischen Mode in Schwarz gekleidet und in Begleitung ihres Sohns Frans dargestellt ist, bestätigt den Erfolg des Malers als einflussreicher Vertreter des flämischen Barocks.

Antoon Van Dyck (1599–1641)
König Karl I. von England auf der Jagd, um 1635–1638
Leinwand, 266 × 207 cm
☛ Richelieu-Flügel, 2. Stock, Saal 24

Van Dyck galt als frühreifer Künstler und setzte sich bald als bester Assistent von Rubens in Antwerpen durch. Ebenso schnell löste er sich aber auch vom Einfluss seines Meisters und war an den größten Höfen Europas gefragt. Er machte eine brillante Karriere in England und porträtierte hier König Karl I. in einer vollkommen neuen Porträtpose (nach Abstieg von seinem Pferd während einer Jagd).

**Pierre Paul Rubens
(1577–1640)**
*Ausschiffung der Maria
von Medici in Marseille,*
1622–1625
Leinwand, 394 × 295 cm
☛ Richelieu-Flügel, 2. Stock,
Saal 18

Das Gemälde gehört zu einem 24-teiligen Bilderzyklus, den Maria von Medici, Witwe von Heinrich IV., zur Schilderung ihres Lebens in Auftrag gab. Dieses Werk der Verherrlichung vermengt tatsächliche Geschehnisse – hier die Ankunft der Königin in Frankreich nach ihrer Hochzeit in Florenz – mit übernatürlichen Bildelementen (Nereïden und Meeresgötter), um dem Dargestellten eine mythische Dimension zu verleihen.

17. Jh.

Malerei des Nordens

Frans Hals
(1581/1585–1666)
Die Zigeinerin,
um 1628–1630
Leinwand, 58 × 52 cm
☞ Richelieu-Flügel,
2. Stock

Hals, der erst spät Anerkennung fand, verbrachte seinen gesamten künstlerischen Werdegang in Haarlem. Er glänzt vor allen Dingen als talentierter Porträtkünstler, dem es gelang, die Schönheit der menschlichen Gesichter wiederzugeben, wie z.B. bei dieser Frau mit ihrem überraschenden, schrägen Blick. Seine Pinselführung, die sich bei der Darstellung der menschlichen Haut und der Ärmelfalten als ganz besonders sensibel erweist, verleiht seinem Werk eine extrem lebendige Ausdruckskraft.

**Jacob Jordaens
(1593–1678)**
Der König trinkt oder
*Das Bohnenziehen am
Dreikönigstag,*
um 1638–1640
Leinwand, 152 × 204 cm
☞ Richelieu-Flügel, 2. Stock, Saal 19

Jordaens nutzt das Dreikönigsfest vor allen Dingen als Anlass für die Darstellung von wilden, dionysischen Volksfestszenen. Der Künstler, ein emminenter Vertreter des flämischen Barocks, stellt mit dieser komplexen Komposition, die von Rubens und der italienischen Malerei geprägt ist, die Werte im Sinne der Karnevaltradition auf den Kopf.

17. Jh.

Malerei des Nordens

Rembrandt Harmenszoon van Rijn, gen. Rembrandt (1606–1669)
Selbstbildnis vor der Staffelei, 1660
Leinwand, 111 × 90 cm
☞ Richelieu-Flügel, 2. Stock, Saal 31

Rembrandt, dessen Werdegang durch seine Erfolge, einen Bankrott sowie sein bewegtes Liebesleben geprägt war, dokumentierte seine moralische und körperliche Entwicklung mittels zahlreicher Selbstbildnisse. Hier sehen wir ihn im Alter von 54 Jahren unverblümt dargestellt: schlecht rasiert und im Schlafrock. Er steht vor seiner Staffelei und scheint so seinen Status als einfacher Handwerker in der für ihn typischen Hell-Dunkel-Atmosphäre zu betonen.

Rembrandt Harmenszoon van Rijn, gen. Rembrandt (1606–1669)
Der geschlachtete Ochse, 1655
Holz, 94 × 69 cm
☞ Richelieu-Flügel, 2. Stock, Saal 31

Das Bild dieser Ochsenhälfte, das a priori einer Suche nach Schönheit widerspricht, hat eine seltene dramatische Intensität. Rembrandt, der die Materialeffekte der Malerei und die expressive Kraft der Kontraste erkundete, signiert hier definitiv eine Vanitas, Symbol der Vergänglichkeit der irdischen Existenz.

Rembrandt Harmenszoon van Rijn, gen. Rembrandt (1606–1669)
Bathseba, 1654
Leinwand, 142 × 142 cm
☞ Richelieu-Flügel, 2. Stock, Saal 31

König David begehrte Bathseba, nachdem er Letztere bei ihrem Bad gesehen hatte und versuchte, sie während der Abwesenheit ihres Gatten zu verführen. Hier brütet sie über einem Brief, der sie zu einem Treffen mit dem König auffordert. Diese Bibelgeschichte diente Rembrandt als Vorwand für die Darstellung eines naturalistischen Aktbildes, dem er die Züge seiner letzten Lebenspartnerin, Hendrickje Stoffels, verlieh.

17. Jh.

Malerei des Nordens

Johannes Vermeer
(1632–1675)
Die Spitzenklöpplerin,
um 1670–1671
Leinwand auf Holz, 24 × 21 cm
☛ Richelieu-Flügel, 2. Stock, Saal 38

Es ist möglich, dass sich Vermeer bei der Schöpfung dieses kleinformatigen Werks mit seinem gedrängten Rahmen und seiner ausgeprägten chromatischen Schlichtheit einer camera obscura bediente, mittels der ein Bild in einem strukturierten Rahmen aufgezeichnet und danach reproduziert werden kann. Mittels dieser Apparut wird die optische Aufmerksamkeit auf die weibliche Figur konzentriert, die ihrerseits ihre Gedanken auf eine minutiöse Arbeit richtet.

**Johannes Vermeer
(1632–1675)**
Der Astronom, 1668
Leinwand, 51 × 45 cm
☛ Richelieu-Flügel, 2. Stock, Saal 38

Das sich auf etwa zwanzig Jahre zusammenfassende Opus des Delfter Meisters ist bescheidenen Umfangs. Kaum dreißig Werke tragen seine Signatur, wobei sich alle durch eine virtuose Technik auszeichnen, die sich durch eine extrem feine Endbearbeitung und äußerst subtile Lichtverhältnisse kennzeichnet. Auf dem Hintergrund eines holländischen Interieurs legt ein Astronom seine Hand auf einen Himmelsglobus, Symbol des Wissens und der Suche nach der Ewigkeit.

17. Jh.

Malerei des Nordens

Pieter De Hooch (1629–1684)
Die Trinkerin, 1658
Öl auf Leinwand, 69 × 60 cm
☞ Richelieu-Flügel, 2. Stock, Saal 38

Obgleich Hooch in direkter Linie zur intimistischen Genre-Malrei steht, besteht seine Originalität in der Raumkonstruktion seiner Bilder. Dieses Konversationsstück gewinnt durch den leeren Stuhl im Vordergrund, die unendliche Wiederholung der Bilder (darunter rechts *Christus und die Ehebrecherin*) und die perspektivische Gestaltung, die den Blick in den Hintergrund lenkt, an Komplexität.

Jan Davidz. de Heem (1606–1683)
Obst und kostbares Geschirr auf einem Tisch, gen. *Ein Dessert*, 1640
Leinwand, 149 × 203 cm
☞ Richelieu-Flügel, 2. Stock, Saal 26

Dieses Gemälde, ein Meisterwerk aus der Antwerpener Zeit des Künstlers, spielte eine bedeutende Rolle in der Entwicklung des Stilllebens in Flandern und in Holland und gehört zum Genre der „servierten Mahlzeiten". Das von Ludwig XIV. angekaufte und (insbesondere im 20. Jh. von Matisse) häufig kopierte Werk stellt eine brillante Synthese von holländischer Präzision und flämischem Barock dar.

Samuel Van Hoogstraten (1627–1678)
Interieur oder
Die Hausschuhe, 1658
Leinwand, 103 × 70 cm
☞ Sully-Flügel, 2. Stock, Saal B

Hoogstratens Kunstkniff besteht darin, dass er eine moralisierende Geschichte ohne Figuren erzählt, lediglich durch die Anordnung von Gegenständen im Raum. Die durch einen Lichtstrahl hervorgehobenen Pantoffeln deuten an, dass eine Frau ihr Heim verlassen hat, um einen Liebhaber zu treffen. Im Hintergrund hängt Ter Borchs *Väterliche Ermahnung*, welche die feile Liebe verurteilt.

15.-16. Jh.

Deutsche Malerei

Albrecht Dürer (1471–1528)
Selbstbildnis mit Eryngium, 1493
Pergament auf Leinwand, 56 × 44 cm
☛ Richelieu-Flügel, 2. Stock, Saal 8

Dieses erste Selbstbildnis von Dürer war vielleicht für seine Verlobte bestimmt. Der in Nürnberg ausgebildete, frühreife geniale Maler zierte sein Selbstporträt mit einer Inschrift am oberen Bildrand, die wie ein Omen lautet: „Meine Sachen werden von oben bestimmt." Daraus ergibt sich die Doppeldeutigkeit der Mannstreudistel in Dürers Hand: Vielleicht symbolisiert sie die Dornenkrone Christi (der Künstler verstand seine Kunst als göttliche Berufung) oder der deutschen Tradition gemäß auch einen Treueschwur gegenüber seiner Verlobten.

Hans Holbein der Jüngere (1497/1498–1543)
Nikolas Kratzer, 1528
Holz, 83 × 67 cm
☛ Richelieu-Flügel, 2. Stock, Saal B

Holbein, der aus einer Künstlerfamilie stammte und von der humanistischen Kultur (er stand Erasmus nahe) sowie den Lehren der italienischen Kultur geprägt war, reiste viel, bevor er sich am englischen Hof niederließ. Hier porträtierte er Nikolas Kratzer, den Astronomen von König Heinrich VIII., beim Bau einer Sonnenuhr.

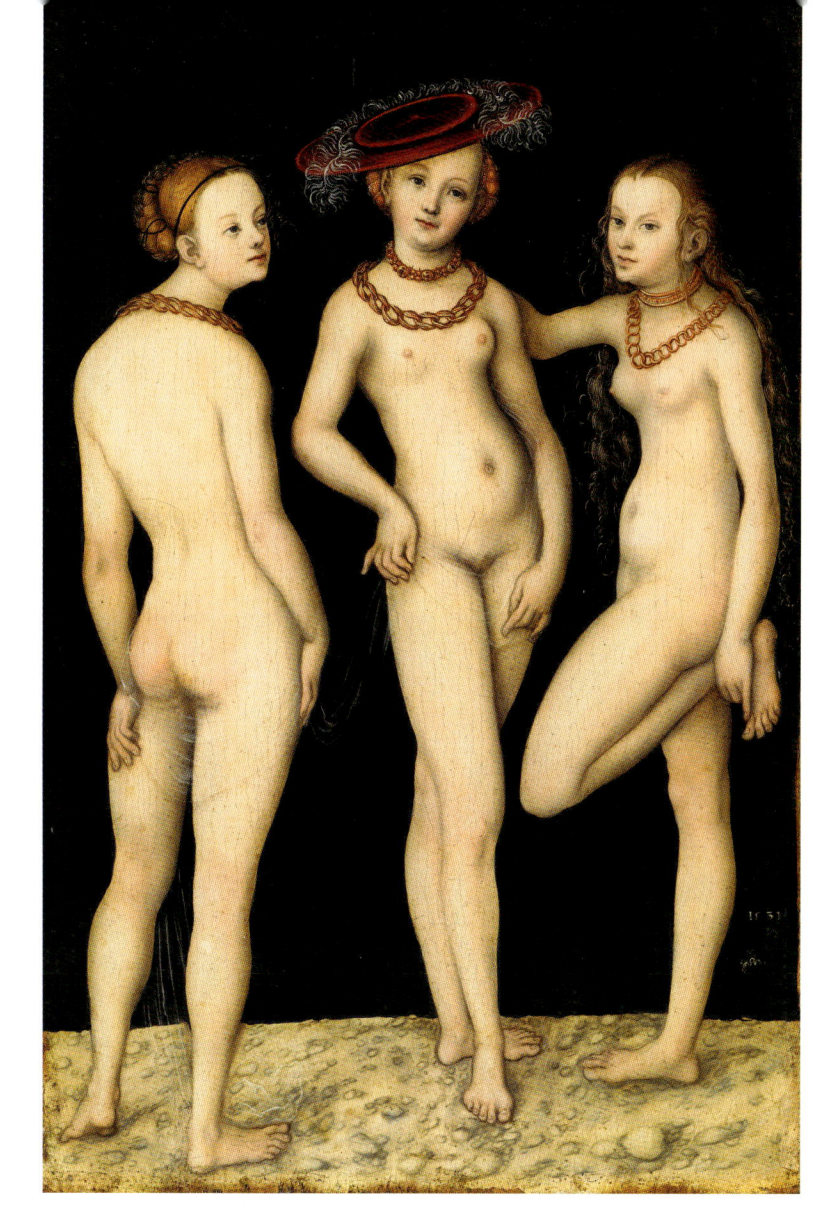

**Lucas Cranach der Ältere
(1472–1553)**
Die drei Grazien, 1531
Holz, 37 × 27 cm
☛ Richelieu-Flügel, 2. Stock, Saal 8

Cranach, der Maler am Hofe der Kurfürsten von Sachsen war und den humanistischen Kreisen der Reform nahestand, wurde mit seinen Aktbildern, die sich durch ihre langgestreckten Formen und manieristischen Attitüden kennzeichnen, zum Meister eines neuen Erotismus. Auf diesem Gemälde repräsentiert er drei durch einen Schleier verbundene mythologische Frauengestalten – Euphrosyne, Thalia und Aglaia –, und stellt uns seinen Kanon der weiblichen Schönheit unter drei Blickwinkeln vor: frontal, von hinten und im Dreiviertelprofil.

19. Jh.

Caspar David Friedrich (1774–1840)
Der Krähenbaum, um 1822
Leinwand, 59 × 74 cm
☞ Richelieu-Flügel, 2. Stock, Saal E

Der zeitlebens einsame und verkannte Friedrich verkörpert heute die Quintessenz der deutschen Romantik, die sich durch ihren Sinn des Heiligen und ihre Vorliebe einer erhabenen Natur kennzeichnet. Der von Goethes und Schillers Theorien beienflusste Maler evoziert hier ein hunnisches Grab, eine Erinnerung an die heidnische Welt; in der Ferne ist Arkona auf der Insel Rügen, symbolischer Ort der Bekehrung zum Christianismus, zu erkennen.

19. Jh.

Skandinavische Malerei

Christen Schjellerup Købke
(1810–1848)
Bildnis von Adolphine Købke, 1832
Leinwand, 42 × 35 cm
☛ Richelieu-Flügel, 2. Stock, Saal D

Die dänische Malerei erlebte in der ersten Hälfte des 19. Jh.s dank talentvoller Landschaftsmaler und Porträtkünstler, welche die kalte Durchsichtigkeit der Lichtverhältnisse des Nordens darzustellen verstanden, eine neue Blüte. Und eben dieses Licht scheint hier auf das kindliche, zusammengekniffene Gesicht der Schwester des Künstlers, der dieses Porträt während seiner Zeit an der Akademie von Kopenhagen malte.

Carl-Christian-Constantin Hansen
(1804–1880)
Würfelspielende Knaben vor Schloss Christiansborg in Kopenhagen, 1834
Leinwand, 60 × 51 cm
☛ Richelieu-Flügel, 2. Stock, Saal D

Zwar diente das Schloss Christiansborg in Kopenhagen dieser Genre-Szene als Rahmen, doch die eigentliche Stärke dieses Werks besteht in der Frische der in der Sonne spielenden Kinder, deren Darstellung sich einer erlesenen Farbpallette bedient. Hansen ist eine führende Figur des Goldenen Zeitalters der dänischen Malerei und Vertreter eines reiz- und gefühlvollen Klassizismus.

123

Englische Malerei

18. Jh.

**Thomas Gainsborough
(1727–1788)**
Unterhaltung im Park,
um 1746-1747
Leinwand, 73 × 68 cm
☞ Denon-Flügel, 1. Stock,
Saal 32

Gainsborough ist sicherlich einer der größten englischen Maler des 18. Jh.s, der im leichten, dem Rokoko nahen Register glänzt, aber seinen Modellen auch Tiefe und Komplexität verleiht. Auf diesem Konversationsstück, das mit den Konventionen der klassischen Porträtkunst bricht, stellt der Maler seine Gattin dar. Das Werk kennzeichnet sich durch eine flüssige Faktur und eine meisterhafte Wiedergabe der Details – beides Ergebnis seines Studiums der flämischen Porträts.

Joshua Reynolds
(1723–1792)
Master Hare,
um 1788–1789
Leinwand, 77 × 63 cm
☞ Denon-Flügel, 1. Stock, Saal 32

Reynolds, der eine führende Figur der englischen Schule, ein bedeutender kunstgeschichtlicher Theoretiker und erster Präsident der Royal Academy war, hing sehr am „großen Stil". Nichtsdestoweniger unterminiert er hier mit dieser Darstellung eines in Musselin gekleideten Kindes, das wissbegierig auf einen Gegenstand außerhalb des Bildrahmens zeigt, die traditionelle Porträtkunst. Das berühmte Porträt ist beispielhaft für das damalige Gefallen an intimistischen und sensiblen Darstellungen zur Themenwelt der Kindheit.

19. Jh.

Englische Malerei

John Constable
(1776–1837)
Die Bucht von Weymouth bei aufziehendem Sturm,
um 1819
Leinwand, 88 × 112 cm
☞ Denon-Flügel, 1. Stock,
Saal 32

Mit Constable, einem großen Bewunderer der holländischen Landschaftsmaler des 17. Jh.s sowie von Le Lorrain und Poussin, erlangte die Landschaftsmalerei eine neue Dimension, welche die Maler der Romantik, die Schule von Barbizon und indirekt die Impressionisten beeinflusste. Letztere ist fortan nicht nur die bloße Transkription der äußeren Natur, sondern sie versteht sich auch als Ausdruck einer Innerlichkeit. Ein Beispiel dafür ist diese Küstenansicht der Grafschaft Dorset mit ihrer bedrohlichen Wolkenwand, die ein kommendes Unwetter ankündigt.

Joseph Mallord William Turner (1775–1851)
Landschaft mit Fluss und Bucht in der Ferne, um 1835–1840
Leinwand, 93 × 123 cm
☞ Denon-Flügel, 1. Stock, Saal 32

Der autodidaktische und frühreife Maler Turner, Mitglied der Royal Academy, wollte sich mit der Kunst der großen Meister, d.h. mit Le Lorrain, Poussin und Wateau messen. Nichtsdestoweniger konzentrierte er sich im Laufe der Zeit verstärkt auf die Wiedergabe von Licht- und Atmosphäreeffekten. Trotz einiger Anhaltspunkte – ein in Richtung eines Sees fließendes Gewässer, von Bäumen umsäumte Uferböschungen, ein wolkenverhangener Himmel – lösen sich die Formen dieser Landschaft im Licht auf und verwandeln die optische Imitation nach und nach in eine Repräsentation der Empfindungen.

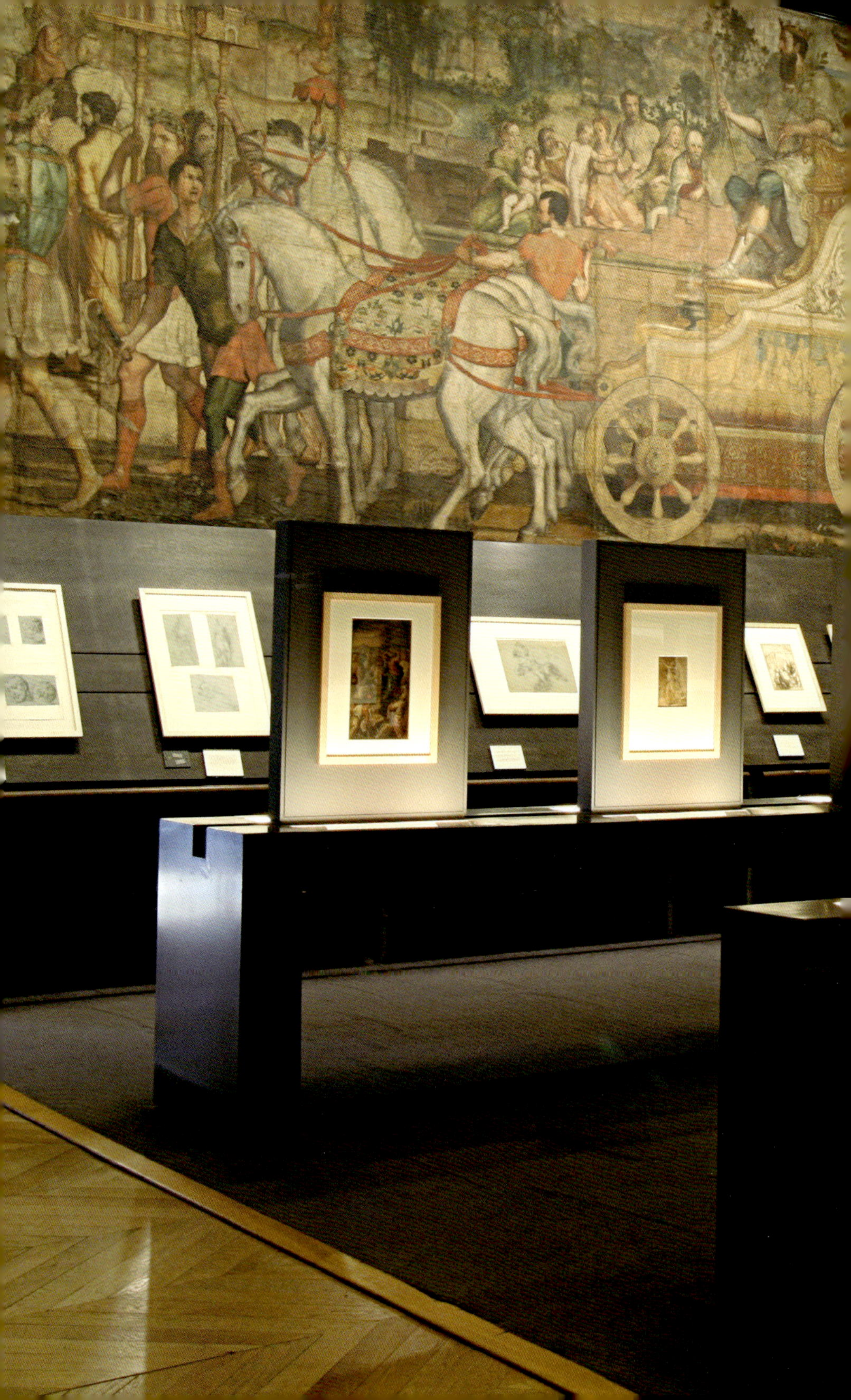

Grafik

Aus Konservierunsggründen sind die 150.000 Werke der grafischen Abteilung nur sehr teilweise und zeitlich begrenzt ausgestellt. Ihre insbesondere durch ihre Licht- und Feuchtigkeitsempfindlichkeit bedingte Zerbrechlichkeit verlangt eine Unterbringung in den Reserven, außer wenn sie bei Ausstellungen präsentiert oder in den Lesesälen konsultiert werden. Die Abteilung besteht aus dem Zeichenkabinett, das aus den ehemaligen königlichen Sammlungen aufgebaut wurde. Letztere bestanden hauptsächlich aus dem Ankauf von 5.562 Zeichnungen, den Ludwig XIV. bei dem Bankier Everhard Jabach gemacht hatte, und aus den Werkstatt-Fonds von Charles Le Brun und Nicolas Mignard. Hinzu kommt die 1797 eingerichtete Kalkografie, die Kupferradierungen gewidmet ist, sowie die Sammlung Edmond de Rothschild, die hauptsächlich aus Drucken besteht. Die grafischen Künste decken eine breite Pallette an Techniken (Zeichnungen, Miniaturen, Drucke, Pastellarbeiten usw.) und die verschiedensten Schulen ab. Die Abteilung hat große Bestände der französischen und italienischen Schulen vom 15. bis 19. Jh., mit Hauptwerken von Leonardo da Vinci, darunter seine hervorragende *Draperie für eine kniende Gestalt*, sowie der Schulen des Nordens (Deutschland, Flandern, Holland). Die Sammlungen machen uns die Bedeutung der Zeichnung beim schöpferischen Prozess bewusst (als Skizze für zahlreiche Gemälde oder architektonische Werke) oder die der Radierung als Vektor der Verbreitung von Bildern. Die grafischen Künste umfassen aber auch chromatisch komplexe Werke, wie z.B. Quentin de La Tours großes Pastellporträt der Marquise von Pompadour oder auch zahlreiche Tusche- und Aquarellzeichnungen des 19. Jh.s (die Landschaften von Delacroix oder Constable).

15.–16. Jh.

Jean Fouquet
(um 1415/1420–1477/1481)
Die heilige Margarete beim Schafe hüten,
um 1470–1475
Buchmalerei auf Pergament mit Goldhöhungen, 9,1 × 11,9 cm

Fouquet trug durch seine schillernde Farbgestaltung, seine innovativen Perspektiveffekte und seine naturalistische Darstellung zur erneuten Blüte der Buchmalerei bei. Vom Stundenbuch von Étienne Chevalier, Grand Commis von Karl VII. und Ludwig XI., konnten 48 Blätter mit 47 Miniaturen konserviert werden. Diese hier schildert eine Legende aus der *Legenda aurea*: Ein römischer Präfekt verliebt sich in Margarete, eine christliche Schäferin, die Garn spinnt und ihrem zukünftigen Folterer keine Beachtung schenkt.

Albrecht Dürer (1471–1528)
Das Tal von Arco, 1495
Aquarelle und Gouache auf Pergament,
Nachbearbeitung mit schwarzer Tinte, 22,3 × 22,2 cm

Diese Landschaft ist ein Ergebnis der Naturbeobachtungen, die Dürer während seiner Reisen durch Europa angestellt hatte. 1495 trat er nach einem Aufenthalt in Italien seine Rückreise nach Nürnberg an und malte in der Nähe des Gardasees die auf einem Felsmassiv thronende Burg Arco. Die Blau-, Grün- und Grautöne verleihen dieser extrem präzisen topografischen Studie eine poetische Note.

Leonardo di ser Piero da Vinci, gen. Leonardo da Vinci (1452–1519)
Draperie für eine knieende Figur, Ende 15.– Anfang 16. Jh.
Graue Tempera mit Weißhöhungen auf grauer Leinwand, 28,1 × 20,7 cm

Leonardo da Vinci befasste sich auf theoretischer sowie auf technischer Ebene mit der künstlerischen Darstellung von Faltenwürfen, eine in der Renaissance als wesentlich erachtete Kunst. Diese mit Pinsel auf Leinwand gemalte Studie zeigt zwei angewinkelte, scheinbar leicht gedrehte Beine, die mit einem schwer nach unten fallenden Stoff bedeckt sind. Die Studie wird gewöhnlich mit der *Verkündigungsmadonna* in den Uffizien in Florenz verbunden.

17.–18. Jahrhundert

Grafik

Jean-Siméon Chardin (1699–1779)
Selbstbildnis mit grünem Zwicker, 1771
Pastell auf graublauem Papier, 45,9 × 37,5 cm

Dieses Pastellbild, das ein Selbstbildnis des Künstlers bei seiner Arbeit darstellt, ist auch eine Hommage an eine empfindliche, feine Technik, welche den Motiven einen Pudereffekt, eine schwache Sättigung der Farben sowie frische Klarheit verleiht. Während den letzten zehn Jahren seines Lebens widmete sich Chardin auch aus Gesundheitsgründen dieser Technik, da die Ausdünstungen der Lösungsmittel der Malerei seine Augen angriffen.

Charles Le Brun (1619–1690)
Drei Männerköpfe in Verbindung zum Waldkauz, um 1668
Schwarze Tinte, Gouache und Schwarzstift auf weißem Papier, 23,1 × 32 cm

Charles Le Brun, erster Hofmaler von König Ludwig XIV., bemühte sich um die Hierarchisierung der Künste und die Kodifizierung von deren Regeln. Er illustrierte insbesondere mittels einer Serie von Bildtafeln seine Theorien zur menschlichen Physionomie und deren Verbindung zur Tierphysionomie, wobei diese Überlegungen stark von dem Glauben an eine Äquivalenz zwischen körperlichen und moralischen Merkmalen geprägt waren.

Maurice Quentin Delatour, gen. Quentin de La Tour (1704–1788)
Portrait der Marquise von Pompadour, 1755
Pastell mit Gouache-Höhungen auf graublauem Papier auf Leinwand geklebt, 177,5 × 130 cm

Quentin de La Tour, der Pastellkünstler des 18. Jahrhunderts par excellence, liefert mit diesem offiziellen Portrait der Marquise von Pompadour (1721-1764) als Schützerin der Künste und der Literatur ein Meisterwerk des Genres. Die Favoritin von Ludwig XIV. trägt ein prachtvolles Kleid 'à la française' und ist umgeben von Attributen, welche die Musik, die Literatur, die Astronomie, die Zeichenkunst und die Stechkunst symbolisieren.

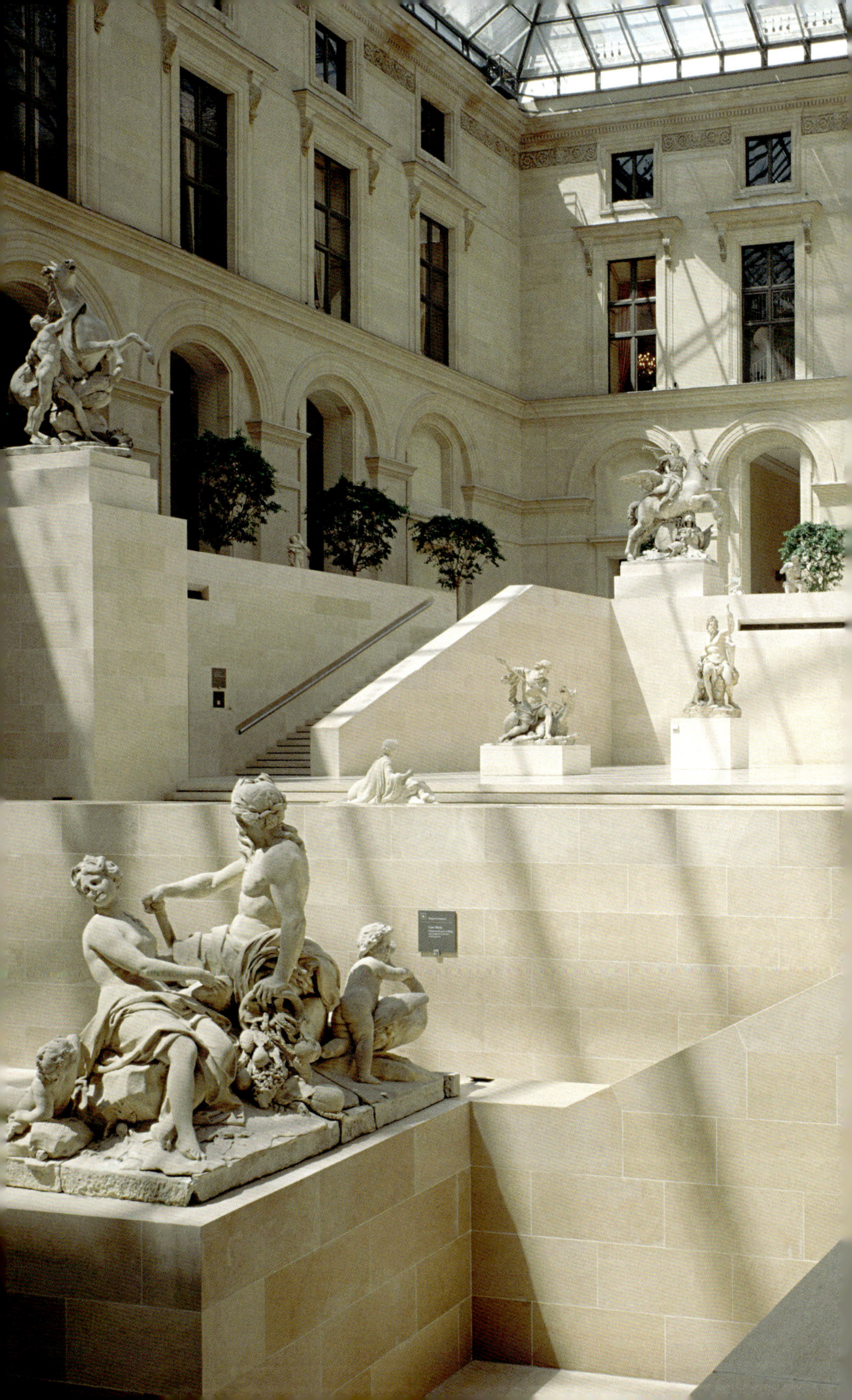

Skulpturen

Die Skulpturensammlungen stammen hauptsächlich aus zwei im Zuge der Revolution gegründeten Institutionen (aus dem Musée des Monuments français und dem Musée spécial de l'école française im Schloss von Versailles), von denen der Louvre einen Teil der Bestände erhielt. Letztere bestanden aus beschlagnahmten Werken der königlichen Sammlungen, von Emigranten- und Kirchensammlungen oder auch aus Werken, die bei der Aufnahme an der Akademie präsentiert wurden. Es handelt sich dabei hauptsächlich um französische und italienische Schöpfungen, darunter Michelangelos berühmte *Sklaven*, die Roberto Strozzi dem König Frankreichs schenkte. Die Skulpturen sind in zwei getrennten Gruppen ausgestellt: Die französischen Skulpturen im Richelieu-Flügel und die ausländischen Skulpturen im Denon-Flügel. Der museografische Rundgang beginnt mit dem Frühmittelalter, einer Epoche, in der es nur wenige figürliche Darstellungen gab und die Praxis der Vollplastik fast inexistent war, und reicht über die romanische Zeit, in der mehr auf Stilisierung geachtet wurde, in einem ersten Schritt bis zur Gotik, welche die Formen elegant vereinfachte. Ab dem 16. Jh. und der Wiederentdeckung der antiken Statuen, wird die Ikongrafie reicher, sinnlicher und narrativ komplexer, bevor sie mit den großen klassischen Skulpturengruppen des 17. Jh.s eine prachtvolle Kraft erlangt. Die Cour Marly verdankt ihren Namen den hier aufgestellten Freiluft-Statuen, die aus dem Park des Schlosses von Ludwig XIV. in Marly-le-Roi stammen. Die Bildhauerkunst des 18. Jh.s kennzeichnet sich durch einen Neoklassizismus voller Erotik, insbesondere bei der Darstellung mythologischer Aktfiguren (Bouchardons Skulptur *Amor schnitzt sich einen Bogen aus der Keule des Herkules* oder Canovas *Amor und Psyche*), während sich das 19. Jh. durch seinen Naturalismus geprägt ist (Rudes *Neapolitanischer Fischerknabe*).

Skulpturen

6.–16. Jh.

Daniel in der Löwengrube
Paris, 6. und Ende 11. Jh.
Marmor, 49 × 53 × 51 cm
☛ Richelieu-Flügel, Erdgeschoss, Saal 1

Ein Kapitell dient nicht nur der Verlagerung der Last einer Säule sondern ist auch ein ornamentales Element. Dieses aus der Kirche Saint-Geneviève in Paris stammende Exemplar evoziert in einem für die romanische Architektur typischen schmucklosen, ja sogar kargen Stil eine Szene aus dem Alten Testament: Daniel bereitet sich darauf vor, von den Löwen aufgefressen zu werden. Sein Gesicht strahlt Zuversicht aus, ein Zeichen seines unerschütterlichen Glaubens an Gott.

Kreuzabnahme
Burgund, 2. Viertel 12. Jh.
Holz mit Gold- und Farbresten, 155 × 168 × 30 cm
☛ Richelieu-Flügel, Erdgeschoss, Saal 2

Diese Figur Christi in polychromem Holz ist romanischen Stils. Sie gehörte zu einer Kreuzabnahme, die sich an die spanischen und italienischen Modelle der damaligen Zeit anlehnt. Die schiefe Position des rechten Arms deutet darauf hin, dass der gestorbene Christus von seinen treuen Anhängern, die ursprünglich zur Skulpturengruppe gehörten, vom Kreuz abgenommen wurde.

**Gregor Erhart
(um 1460–1540)**
Maria Magdalena,
Anfang 16. Jh.
Polychromes Lindenholz,
177 × 44 × 43 cm
☞ Denon-Flügel,
Zwischengeschoss, Saal C

Dieses lebensgroße Meisterwerk verbindet auf subtile Weise zwei Dimensionen: die der Heiligkeit und die der wiedererwachenden Sinnlichkeit. Diese aus einer Höhle im Massif de la Sainte-Baume in der Provence, die als Sühneort diente, stammende nackte und nur mit ihrem Haar bekleidete Figur der Maria Magdalena wurde von dem deutschen Bildhauer gleich einem modernen Akt polychrom und dreidimensional dargestellt.

16. Jh.

Skulpturen

Germain Pilon (um 1528–1590)
Grabmonument für das Herz Heinrichs II.: Die drei Grazien, um 1560–1566
Marmor, 150 × 75,5 × 75,5 cm
☞ Richelieu-Flügel, Erdgeschoss, Saal 15a

Diese Skulptur, die das Ergebnis der Zusammenarbeit mehrerer Berufszünfte ist, verdankt ihre Hauptfiguren Germain Pilon, der für seine königlichen Grabmäler berühmt war. Die Rücken an Rücken stehenden Göttinnen bilden einen eleganten, rythmischen Reigen und tragen auf ihrem Haupt ein Kupferbehältnis, welches das Herz von Heinrich II. verbirgt. Das lateinische Epitaph beginnt mit den Worten: „Hier legte Königin Katharina das Herz ihres Gatten nieder, obgleich sie es in ihrer eigenen Brust verbergen wollte."

Schule von Fontainebleau
Diana als Jägerin, gen. Diana von Anet, Mitte 16. Jh.
Marmor, 211 × 258 × 134 cm
☞ Richelieu-Flügel, Erdgeschoss, Saal 15b

Diese erste große Aktskulptur der französischen Bildhauerkunst stammt aus dem Schloss von Diane de Poitiers, der Favoritin von Heinrich II., in Anet. Die Skulptur stellt die Jagdgöttin in Begleitung ihrer Hunde und einen Hirsch (Symbol des Königs) umarmend dar. Dianas Haltung erinnert an Benvenuto Cellinis berühmtes Hautrelief *Die Nymphe von Fontainebleau*. Trotz der Angabe von mehreren Namen – Jean Goujon, Germain Pilon, Pierre Bontemps oder Ponce Jacquiot – blieb der Autor dieser Perle der manieristischen Eleganz und Sinnlichkeit unbekannt.

Michelangelo Buonarroti,
gen. Michelangelo (1475–1564)
Sklave, gen. *Sterbender Sklave*,
1513–1515 (unvollendet)
Marmor, 227,7 × 72,4 × 53,5 cm
Denon-Flügel, Erdgeschoss, Saal 4

Michelangelo, der sich während seiner gesamten Karriere zu seiner Vorliebe für die Bildhauerei bekannte, schuf diesen *Sterbenden Sklaven* für das Grabmonument von Papst Julius II., das schließlich nicht in seiner ursprünglichen Form verwirklicht wurde. Dieser Körper, der sich am Kanon der Antike orientiert, könnte eine Allegorie der vom kriegerischen Papst unterworfenen Provinzen sein oder auch die von den menschlichen Leidenschaften gefesselte Seele symbolisieren.

Skulpturen

17.–18. Jh.

Pierre Puget (um 1620–1694)
Milon von Kroton, 1670–1682
Marmor, 270 × 140 × 98 cm
☛ Richelieu-Flügel, Zwischengeschoss, Puget-Hof

Im Rahmen des Großauftrags von Ludwig XIV. zur Ausschmückung der Gärten des Schlosses von Versailles wählte Puget ein Thema, das selten bearbeitet wurde. Er schuf ein dramatisches Werk, das Milon von Kroton darstellt, den glorreichen Faustkämpfer der Antike, der von seinem Hochmut besiegt wurde: Als der Athlet eine Eiche mit seinen bloßen Händen spalten wollte, wurde er in ihr eingeklemmt und schließlich von einem Raubtier gefressen.

Antoine Coysevox (1640–1720)
Merkur auf Pegasus, 1699–1702
Marmor, 315 × 291 × 128 cm
☛ Richelieu-Flügel, Zwischengeschoss, Marly-Hof

Coysevox, eminenter Vertreter des französischen Klassizismus und erster Bildhauer am Hof von Ludwig XIV., schuf diese Allegorie der „Renommée", die den Ruhm des Monarchen im Park des Schlosses von Marly eklatant zur Schau stellt. Sein eigentliches Meisterstück besteht darin, dass er die Formen der Skulptur trotz der monumentalen Dimension der Gruppe verbindungslos gestaltete, obgleich einige davon sehr zerbrechlich sind (die Trompete).

Guillaume Coustou der Ältere (1677–1746)
Pferde von Stallburschen zurückgehalten, gen. Pferd von Marly, 1739–1745
Marmor, 340 × 284 × 127 cm
☞ Richelieu-Flügel, Zwischengeschoss, Marly-Hof

Coustous Pferde lehnen sich direkt an die seines Onkels Coysevox an, denn Ludwig XIV. gab sie in Auftrag, um damit die zwei leeren Plätze, die der Transfer von Coysevox' Pferden in die Tuilerien im Park von Marly hinterlassen haben, zu füllen. Der Neffe misst sich mit seinem Onkel, da er die Tierfiguren ebenfalls aus einem monolithischen Block schlägt, aber ganz besonders, da er eine schroffe Darstellung der Natur eindeutig allegorischen Anspielungen vorzieht.

18. Jh.

Skulpturen

Edme Bouchardon (1698–1762)
Amor schnitzt sich einen Bogen aus der Keule des Herkules, 1739–1750
Marmor, 173 × 75 × 75 cm
☛ Richelieu-Flügel, Erdgeschoss, Saal 23

Dieses Werk, an dem Bouchardon lange gearbeitet hat, ist exemplarisch für die naturalistischen Studien, die das gesamte 18. Jahrhundert prägen. Das mythologische Thema deutet zweifelsohne auf die Bewunderung des Künstlers für die antike Bildhauerkunst hin. Doch der Körper ist nicht gemäß dem Kanon des antiken Ideals gestaltet, sondern orientiert sich an dem anatomischen Modell eines Halbwüchsigen. Eine 'Normalität', an der Bouchardons Zeitgenossen unvermeidlich Anstoß nahmen.

Augustin Pajou (1730–1809)
Die verlassene Psyche, 1790
Marmor, 177 × 86 × 86 cm
☛ Richelieu-Flügel, Erdgeschoss, Saal 27

Dieses Auftragswerk der königlichen Bauverwaltung Bâtiments du roi, das als Pendant zu Bouchardons *Amor* gedacht war, sollte nur fünf Tage lang im Salon von 1785 bleiben. Pajou, der zwar versuchte antike Tradition und naturalistische Wahrheit zu vereinen, war sicherlich zu waghalsig, als er Psyche in Form eines vollkommen nackten Aktes darstellte. Wie dem auch sei: Der Skandal trug zur Berühmtheit dieser Skulptur bei.

**Antonio Canova
(1757–1822)**
Amor und Psyche, 1793
Marmor, 155 × 168 × 101 cm
🡆 Denon-Flügel, Erdgeschoss, Saal 4

Der venezianische Künstler triumphierte in ganz Europa als Meister der neoklassischen Skulptur, da er in der Lage war, die exemplarische Reinheit der Linie mit lebendiger Sinnlichkeit zu verbinden. Dieses Werk vereint in einem komplexen Gleichgewicht zwei mythologische Figuren: Amor legt sich neben Psyche nieder; als Letztere aufwacht, streckt sie sich dem geflügelten Gott, dank dessen sie unsterblich wird, zum Kuss entgegen.

19. Jh.

Skulpturen

François Rude (1784–1855)
Neapolitanischer Fischerknabe, 1831–1833
Marmor, 82 × 88 × 48 cm
☛ Richelieu-Flügel, Erdgeschoss, Saal 33

Die Präsentation dieses Werks im Salon von 1833 stellt einen Bruch in der Kunstgeschichte dar. Rude beweist, dass eine anekdotische Genre-Szene bar jeder mythologischen Referenz und erbaulichen Bestimmung maßstabsgetreu in Marmor – ein edler, kostbarer Werkstoff – dargestellt werden kann. Trotz einiger Polemiken brachte ihm dieses Werk Erfolg und offizielle Anerkennung.

Jean-Jacques Pradier, gen. James (1790–1852)
Satyr und Bacchantin, 1834
Marmor, 128 × 112 × 78 cm
☛ Richelieu-Flügel, Erdgeschoss, Saal 32

Pradiers Stil ist noch von der Eleganz des Neoklassizismus durchdrungen. Jedoch verleiht der Bildhauer ihr im Zuge der romantischen Bewegung unruhigere, unklarere Akzente. Seine Karriere wurde durch die Kritiken seiner Zeitgenossen behindert, insbesondere wegen der Szene dieses Fauns, der eine von wilder Sinnlichkeit und Fleischeslust durchdrungene Bacchantin bestürmt.

Antoine-Louis Barye (1795–1875)
Löwe mit Schlange, 1832–1835
Bronze, 135 × 178 × 96 cm

Zwar existierte die Tierkunst bereits seit Jahrhunderten, doch erst mit Barye erlangte sie eine prachtvolle Entwicklung. Der Künstler war regelmäßiger Besucher des Tiergeheges des Jardin des Plantes, wo er die Physionomien und Haltungen der verschiedenen Tierarten studierte. Die majestätische Kraft des brüllenden Löwen ist auch eine symbolische Hommage an die Autorität von Louis-Philippe, nachdem Letzterer 1830 zur Macht gelangt war.

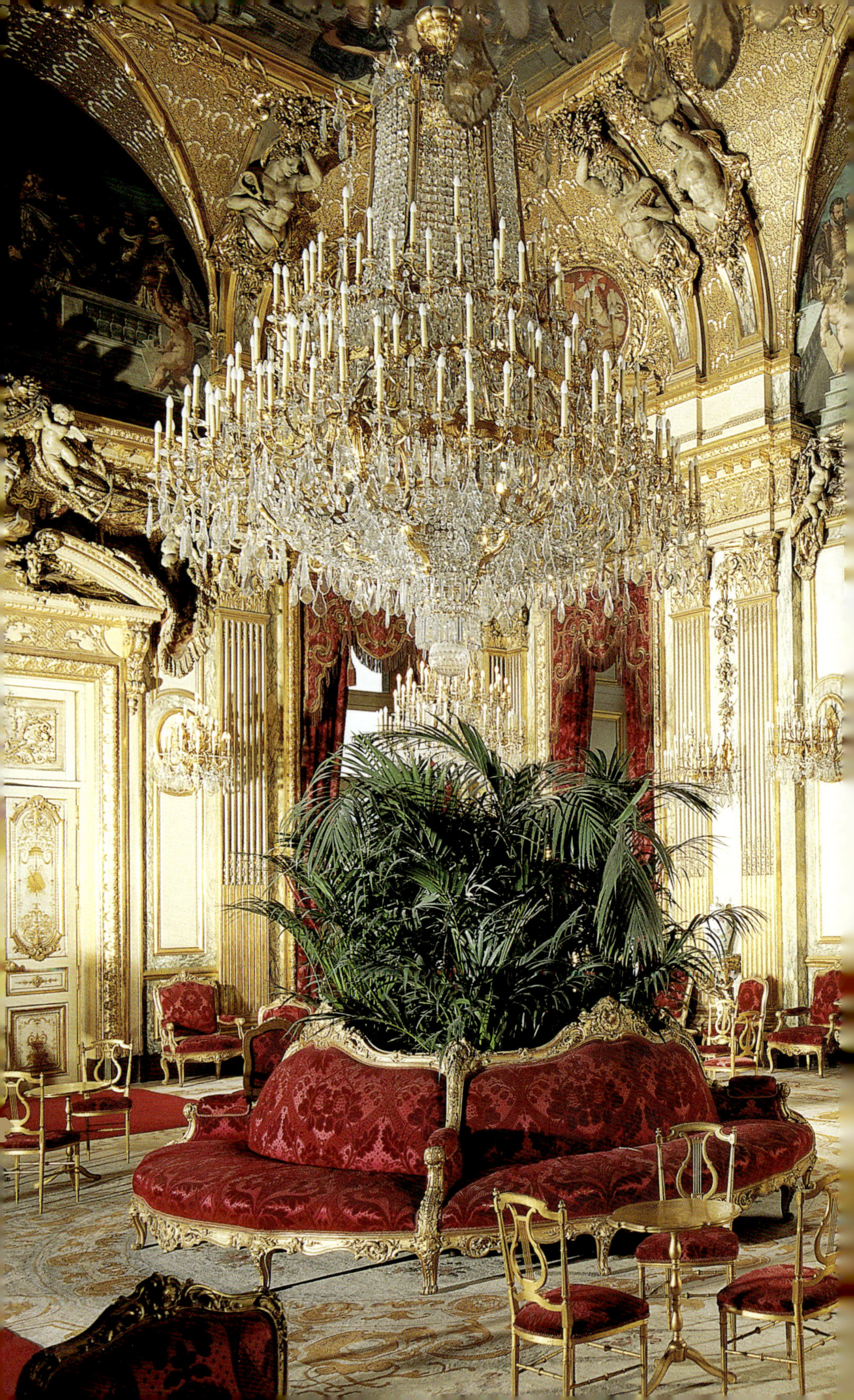

Kunsthandwerk

Die Abteilung der Kunstgegenstände, die ursprünglich aus dem Schatz der Sainte-Chapelle und der Abteikirche von Saint-Denis und dann aus dem Fundus des Garde-Meuble de la Couronne zusammengeführt wurde, wurde im 19. Jh. durch Ankäufe (die Sammlungen von Durand und Revoil während der Restauration) und durch die Gründung des Musée des Souverains durch Napoleon III. im Jahr 1852 stark bereichert. Die 1893 endgültig von der Skulpturenabteilung unabhängig gewordene Abteilung präsentiert eine breite Pallette an Techniken, Werkstoffen und Formen und wartet mit Schmuck, Goldschmiedekunst, Kunstwerken aus Email, Elfenbein, Bronze, Edelsteinen, Keramik, Glasgegenständen, bunten Glasfenstern, Möbeln und Tapisserien auf. Die Sammlungen veranschaulichen die vielfältigen Produktionen vom Frühmittelalter bis zum 19. Jh. Besonders bemerkenswert sind: Die erlesene französische Goldschmiedekunst des 12. Jh.s (z.B. *Adler von Suger*); die Pariser Elfenbeinkunst des 13. Jh.s, die sich durch ihre Eleganz kennzeichnet; die Expansion der internationalen gotischen Kunst im Heiligen Römischen Reich; oder auch die Entwicklung der Tapisserie im 14. und 15. Jh. Der Louvre präsentiert die Majolika-Keramik der Renaissance und die komplexen lackierten Tonplastiken von Bernard Palissy. Unter den königlichen Kunstobjekten sind prunkvolle Möbel (Boulle-Schränke) und Schmuck zu zitieren, aus der Zeit nach der Französischen Revolution Beispiele des neoklassischen Geschmacks der Grande Bourgeoisie (Schlafzimmer von Madame Récamier) oder der kaiserliche Prunk von Napoleon I. Die prachtvollen Gemächer, die Napoleon III. eingerichtet hat, veranschaulichen schließlich mit ihrem von den Formen der Vergangenheit inspiriertem Stuck, ihren Vergoldungen, Deckengemälden und Leuchtern den Geschmack des Zweiten Kaiserreichs.

6.–12. Jh.

Der triumphierende Kaiser, gen. **Barberini-Elfenbein**, Konstantinopel, 1. Hälfte 6. Jh.
Elfenbein,
34,2 × 26,8 × 2,8 cm
☞ Richelieu-Flügel, 1. Stock, Saal 1

Diese fast vollständige Tafel eines kaiserlichen Diptychons verherrlicht den Triumph eines byzantinischen Kaisers, zweifelsohne Justinian I., der 532 Frieden mit den Persern schloss. Letzterer ist auf dem mittleren Hautrelief dargestellt: Er dominiert die im unteren Teil dargestellten Völker, die ihren Tribut bezahlen; über ihm ein Segen erteilender Christus.

Adler von Suger, **Schatz der Abtei von Saint-Denis**, antike ägyptische oder römische Vase, Halterung vor 1147
Roter Porphyr, vergoldetes und nielliertes Silber, 43,1 × 27 cm
☞ Richelieu-Flügel, 1. Stock, Saal 2

Der Abt Suger gab diese zoomorphe Vase ausgehend von einer antiken Porphyr-Vase für die Abtei Saint-Denis in Auftrag. Der naturalistisch dargestellte Kopf sowie die stilisierten Federn sind das Ergebnis der bemerkenswerten Goldschmiedekunst der Île-de-France. Suger, Berater von Ludwig VI. und Ludwig VII., wollte die Beziehung zwischen den Gläubigen und dem Göttlichen durch die Kostbarkeit der religiösen Kunst fördern.

Reiterstatue Karls des Großen oder Karls des Kahlen, **Schatz der Kathedrale von Metz**, 9. Jh.
Bronze mit Goldresten, H. 23,5 cm
☞ Richelieu-Flügel, 1. Stock, Saal 1

Diese Reiterstatue, die Karl den Großen oder seinen Enkel Karl den Kahlen darstellt, ist direkt aus dem antiken Repertoire entlehnt: Der mit einem Globus und einem (nicht mehr vorhandenen) Schwert ausgestattete Kaiser gleicht einem neuen Cäsar. Das Größenverhältnis zwischen Figur und Pferd ist unstimmig, was darauf hindeutet, dass Letzteres später geschaffen wurde.

Kunsthandwerk

13.–16. Jh.

Jungfrau mit Kind, Schatz der Sainte-Chapelle in Paris, 3. Viertel 13. Jh.
Elfenbein mit Farbspuren, 41 × 12,40 cm
☞ Richelieu-Flügel, 1. Stock, Saal 3

Im 13. Jahrhundert war Paris die Haupstadt der Elfenbeinkunst. Diese zerbrechliche Rundplastik mit ihren perfekten Proportionen, die aufgrund des leichten Hüftschwungs ganz besonders lebendig wirkt, ist eine ihrer schönsten Perlen. Die aus dem Schatz der Sainte-Chapelle stammende Skulptur ist ein vollendetes Beispiel der gotischen Ästhetik.

Zepter Karl V., Schatz der Abtei von Saint-Denis, vor 1390
Gold, Perlen, Edelsteine, Glasstücke, H. 60 cm
☞ Richelieu-Flügel, 1. Stock, Saal 4

Dieses während der Herrschaft von Karl V. aufgetauchte Zepter diente der Verherrlichung der königlichen Macht und wurde bis zur Thronbesteigung von Karl X. im Jahre 1825 verwendet. Es ist mit einer goldenen Lilienblüte und dem Abbild von Karl dem Großen gekrönt, was die enge Verbindung zwischen dem Hause Valois und dem glorreichen Aufstieg der Karolinger betonen soll.

Léonard Limosin (um 1505–1575)
Der Konnetabel de Montmorency, 1556
Bemaltes Email auf Kupfer, Fassung aus
vergoldetem Holz, 72 × 56 cm
☛ Richelieu-Flügel, 1. Stock, Saal 21

Im 16. Jh. wurde Limoges unter dem Einfluss der Familie Limosin zu einem großen Zentrum für bemaltes Email, wobei Letzteres ursprünglich Devotionsbildern und der Porträtkunst vorbehalten war und später auch bei Dekorgeschirr eingesetzt wurde. Dargestellt ist Anne de Montmorency, eine Persönlichkeit mit viel Macht, die den Königen Franz I. und Heinrich II. nahestand und auch als großer Mäzen fungierte.

Bernard Palissy (1510?–1590)
Rustikales Becken, um 1560
Tonerde, Bleiglasur, 53 × 40 cm
☛ Richelieu-Flügel, 1. Stock

Bernard Palissy ist der größte französische Keramiker des 16. Jh.s. Er widmete sich voller humanistischer Neugierde technischen, wissenschaflichen und ästhetischen Forschungsarbeiten und führte die Keramikkunst zu einem Gipfel der Erlesenheit und Fantasie. Er ist vor allen Dingen für seine rustikalen Tonvasen mit ihrem reichhaltigen, im Relief dargestellten Figurendekor (Obst, Pflanzen, Tiere, Muscheln) bekannt.

Kunsthandwerk

17.–18. Jh.s

Wasserkrug, 1. Jh. v. Chr.–1. Jh. n. Chr., Ergänzungen 17. Jh., Pierre Delabarre, um 1630
Fassung aus emailliertem Gold, Rubin, 27 × 16 × 10 cm
☛ Denon-Flügel, 1. Stock, Saal 66

Ludwig XIV. hatte eine große Vorliebe für Vasen aus hartem Stein. Dieser aus seiner Sammlung stammende Wasserkrug besteht aus einer antiken Sardonyx-Vase und einer Fassung aus emailliertem Gold mit inkrustierten Edelsteinen. Sein Henkel hat die Form eines Drachens, und der Deckel ist mit einem Minerva-Kopf gekrönt. Die kunstfertige Technik von Pierre Delabarre hatte großen Einfluss auf die Goldschmiedkunst der damaligen Zeit.

Martin Carlin (um 1730–1785) und Charles-Nicolas Dodin (1734–1803)
Gueridon, Porzellanmanufaktur Sèvres, 1774
Struktur aus Eichenholz, Furnier aus Amaranth-Holz, zartes Porzellan, vergoldete Bronze, Mahagoni, 81,7 × 80 cm
☛ Sully-Flügel, 1. Stock

Dieser Gueridon, Frucht einer Zusammenarbeit des Kunstschreiners Martin Carlin und des Porzellanmalers Charles-Nicolas Dodin, war für den ovalen Salon von Madame du Barry, der letzten Mätresse von Ludwig XV., auf Schloss Louveciennes gedacht. Die mittige Tafel zeigt das damalige Gefallen an türkischen Motiven, wogegen ringsum galante Szenen dargestellt sind.

**André-Charles Boulle
(1642–1732)**
Schrank, um 1700
Furnier aus Ebenholz und
Amarant, Einlegearbeit aus
polychromem Holz, Messing,
Zinn, Schildplatt und Horn,
vergoldete Bronze,
255 × 157 × 58 cm
☛ Sully-Flügel, 1. Stock

Obwohl André-Charles Boulle weder Erfinder noch einziger Autor von Möbeln aus Ebenholz und Edelhölzern mit Inkrustationen aus Kupfer, Zinn, Schildplatt, Elfenbein oder Perlmutt mit Verzierungen aus vergoldeter und zisellierter Bronze war, wurde er zum Namensvater dieser Möbel. Ab 1672 war er einer der wichtigsten Hoflieferanten und kreierte gegen Ende der Herrschaft von Ludwig XIV. diesen aus einem einzigen Stück geschaffenen Schrank mit seinen beiden großen Flügeltüren, die mit Einlegearbeiten mit Blumenmotiven verziert sind.

Kunsthandwerk

18.–19. Jh.

Martin-Guillaume Biennais (1764–1843)
Tee-Service von Napoleon I. und Marie-Louise, 1810
Vergoldetes Silber
🡒 Richelieu-Flügel, 1. Stock, Saal 70

Dieses Tee-Service wurde von Biennais anlässlich der Hochzeit von Napoleon mit Marie-Louise 1810 geliefert, nachdem Letzterer Joséphine de Beauharnais verstoßen hatte. Das nach einer Zeichnung von Charles Percier entworfene Service ist vom sog. „neoklassischen" Stil geprägt, der sich durch die Anlehnung an antike Formen und Motive und ein reichhaltiges mythologisches Repertoire kennzeichnet.

Martin-Guillaume Biennais (1764–1843)
Krone, gen. Krone von Karl dem Großen, 1804
Vergoldetes Silber, Kameen und Intaglien, Samt und bestickte Borte
🡒 Denon-Flügel, 1. Stock, Saal 66

Napoleon gab diese Krone, die mit Kameen der Hauptreliquie des Heiligen Benedikt aus der Abtei Saint-Denis geschmückt ist, anlässlich seiner Kaiserkrönung am 2. Dezember 1804 in der Kathedrale Notre-Dame von Paris bei seinem Goldschmied Martin Guillaume Biennais in Auftrag. Dieses symbolische Propagandainstrument knüpfte Verbindungen zu der Bedeutung von Karl dem Großen, dem letzten Kaiser Frankreichs.

**Gebrüder Jacob,
nach Louis Berthault
(1770–1823)**
Schlafzimmer von Madame Récamier, um 1799
Mahagoni, vergoldete und patinierte Bronze
☛ Richelieu-Flügel, 1. Stock, Saal 69

Der Stadtpalast von Madame Récamier war einer der gesuchtesten Orte von Paris und diktierte die Moden der damaligen Zeit. Sein extrem bewunderter, von dem Architekten Berthault geschaffene Dekor kündigte damals den Empire-Stil an. Dies beweist dieses Bett, das bereits sämtliche Stilmerkmale aufweist: eine schlichte, massive Form, mit Bronzeornamenten, die sich an die Antike anlehnen.

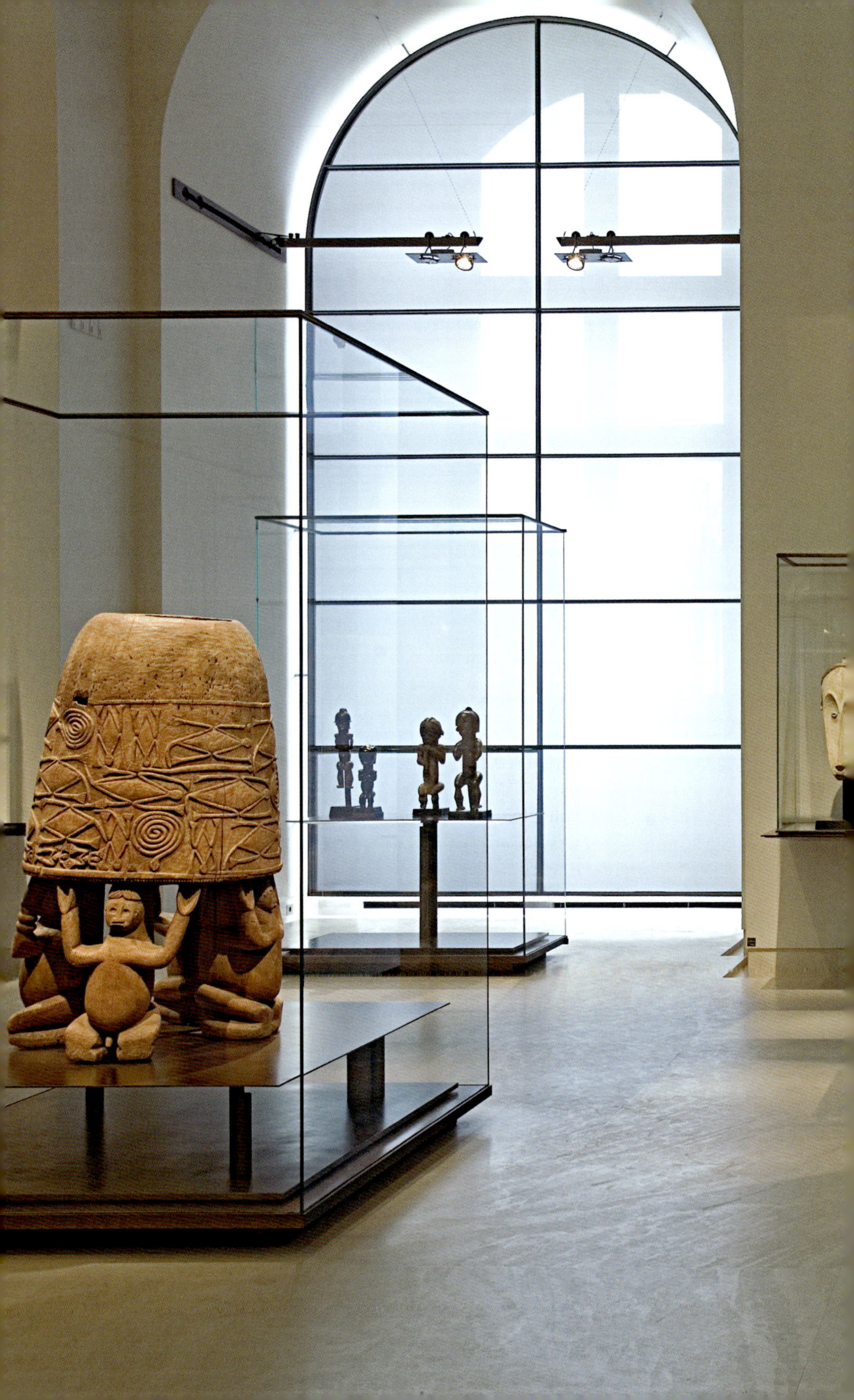

Afrikanische, asiatische, ozeanische und altamerikanische Kunst

Die Sammlungen, die allgemein unter dem Begriff „Primitive Kunst" zusammengefasst werden, umfassen im Louvre 108 Meisterwerke aus vier großen geografischen Regionen: Afrika, Asien, Ozeanien und Amerika. Die ihnen gewidmeten Säle des Pavillon des Sessions, der im Jahre 2000 eingeweiht und von dem Architekten Jean-Michel Wilmotte entworfen wurde, sind eine Dependance des Musée du Quai Branly, das für die Auswahl der Exponate verantwortlich ist. Diese aus dem Ethnologielabor des Muséum national d'histoire naturelle oder des Musée national des Arts d'Afrique et d'Océanie stammenden Werke gehören fast alle dem Musée du Quai Branly. Dem Experten Jacques Kerchache verdanken wir die Eröffnung dieses Abschnitts, der die Anerkennung der Kunst aus Afrika, Asien, Ozeanien und Amerika in der Geschichte der westlichen Rezeption und Wahrnehmung bestätigt. Ab 1827, unter der Herrschaft von Karl X., gab es im Louvre ein Musée de Marine et d'Ethnographie (damals Musée dauphin genannt), in dem man die sog. „exotischen" Stücke untersuchen konnte, die von den großen Forschungsreisenden mitgebracht wurden. 1878 verordnete Jules Ferry jedoch die Unterscheidung zwischen der „Geschichte der Sitten und der Bräuche" und dem „Bereich der Kunst". Diese Werke wurden folglich lange Zeit auf den Status eines ethnografischen Gegenstands reduziert. Die 1.200 m² des Pavillon des Sessions haben jedoch keineswegs die Berufung, eine Zusammenfassung der Geschichte der nichteuropäischen Kunstproduktionen zu präsentieren, sondern ihre Beispielhaftigkeit aufzuweisen und das außergewöhnliche künstlerische Talent von viel zu lange verkannten Völkern mit Legitimität zu untermauern. Nachdem die primitive Kunst die Avantgarden des 20. Jh.s wesentlich beeinflusst hat, soll ihre Präsenz im Louvre den Blick des Publikums bzgl. ihres künstlerischen Werts erneuern.

7. Jh. v. Chr.–20. Jh. n. Chr.

Afrikanische, asiatische, ozeanische und altamerikanische Kunst

Frauenfigur, Chupicuaro, Mexiko, 600–100 v. Chr.
Terrakotta, engobiert, H. 31 cm
☞ Pavillon des Sessions, Erdgeschoss, Saal 7

Diese mehr als zweitausend Jahre alte Skulptur wurde in den Bergen von Zentralmexiko gefunden. Die mit großzügigen Volumen versehene Figur symbolisiert anscheinend den Zyklus der Jahreszeiten und den von Leben und Tod. Ihre trapezförmige Silhouette und ihre schwarzen und cremefarbenen Motive sind erstaunlich modern.

Kopf, Yorubaland, Ife-Kultur, Südwest-Nigeria, 12.–14. Jh.
Terrakotta, H. 15,5 cm
☞ Pavillon des Sessions, Erdgeschoss, Saal 2

Dieser aus Terrakotta gestaltete Kopf – ein Überrest der Ife-Zivilisation, die beim Volk der Yoruba als Wiege der Menschheit gilt, – stellt den Diener einer Gottheit dar und verbindet Naturalismus (mittels der Streifen seiner Narben) mit Idealisierung.

Maske des Schwans und des weißen Wals, Dorf von Napaskiak, Region des Flusses Kuskokwim, Alaska, Anfang 20. Jh.
Bemaltes Holz und Federn, H. 72 cm

☞ Pavillon des Sessions, Erdgeschoss, Saal 8

Diese Maske, die von den Inuit bei rituellen Tänzen verwendet wurde, stellt einen Schwan dar, der als Fürsprecher zur Förderung der Weißwaljagd galt. Sie gehörte einstmals dem Surrealisten André Breton, der zweifelsohne für die Traumwelt ihrer seltsamen Formen empfänglich war.

Ahnenstatue (adu zatua), Norden der Insel Nias, Indonesien, 19. Jh.
Holz mit roter Patina, H. 55,7 cm

☞ Pavillon des Sessions, Erdgeschoss, Saal 3

Die *adu*-Statuetten, durch die der Geist eines Ahnen gebunden werden konnte, wurden in den Behausungen aufbewahrt, um deren Bewohner zu schützen, und bei Festen von Priestern eingesetzt, um den Wohlstand der Gemeinschaft zu sichern. Die Originalität der Figur besteht im Widerspruch zwischen der Haltung des Mannes und der Komplexität der traditionellen Stammesfrisur.

Zauberstein für den Kauf von kastrierten Ebern (müyü ne bu), Norden der Insel Ambrym, Vanuatu, 18.– Anfang 19. Jh.
Vulkanischer Tuff, H. 35,5 cm

☞ Pavillon des Sessions, Erdgeschoss, Saal 4

Mit magischen Kräften versehene Steine, die sog. *müyü ne bu*, sind im Vanuata-Archipel immer noch sehr verbreitet. Dieser durch seine Kurven und Gegenkurven von einer außergewöhnlichen formellen Kühnheit zeugende Stein stellt anscheinend den mächtigen Geist Lengnangoulong dar und soll den Schweinereichtum begünstigen.

Aufgrund ihrer Empfindlichkeit oder einer zeitweiligen Entfernung zu Restaurierungszwecken, einer Präsentation in der Dependance Louvre-Lens oder auch eines Werkverleihs anlässlich einer Ausstellung sind einige in diesem Museumsführer abgebildeten Werke in den Museumssälen während des Besuchs nicht zu sehen.

Abbildungen
S. 8-9: Hof von Khorsabad mit menschenköpfigen geflügelten Stieren ; **S. 18-19:** Saal der Abteilung für islamische Kunst, mit dem Glassegel der Cour Visconti ; **S. 26-27:** erster ägyptischer Saal des Musée Charles X (Museum Karl X.) ; **S. 40-41:** Kariatiden-Saal ; **S. 52-53:** Jean Antoine Watteaus *Gilles* (um 1718-1719) im Vordergrund ; **S. 128-129:** Saal der italienischen Kartons des 16. Jh.s ; **S. 134-135:** Cour Marly ; **S. 146-147:** Großer Ecksalon der Gemächer Napoleon III. ; **S. 156-157:** Saal des Pavillon des Sessions.

Fotonachweis
© Musée du Louvre (Vertrieb RMN-GP)/Arts graphiques: S. 131o ; © Musée du Louvre (Vertrieb RMN-GP)/Martine Beck-Coppola: Umschlagrückseite (*Madame de Pompadour*), S. 87or, 93, 108o, 121, 132o, 133, 134-135; © Musée du Louvre (dist. RMN-GP)/Olivier Berrand: S. 26-27; © Musée du Louvre (Vertrieb RMN-GP)/Hadiye Cangökçe: S. 23; © Musée du Louvre (Vertrieb RMN-GP)/Daniel Chenot: S. 131u; © Musée du Louvre (Vertrieb RMN-GP)/Raphaël Chipault: Umschlagrückseite (*Statue des Intendanten Ebih-Il, Schah Abbas I. und sein Page* und *Sterbender Sklave*), S. 22o, 139, 143; © Musée du Louvre (Vertrieb RMN-GP)/Christian Décamps: S. 28o, 30o, 32u, 33u, 34o, 36; © Musée du Louvre (Vertrieb RMN-GP)/Cécile Dégremont: S. 52-53, 156-157; © Musée du Louvre (Vertrieb RMN-GP)/Angèle Dequier: Umschlagrückseite (*Die große Odaliske*), S. 5, 54o, 54u, 55, 56u, 57, 59o, 59u, 60o, 61, 62, 63ol, 63or, 63ul, 63ur, 64u, 67, 68o, 68u, 69, 70o, 70u, 73, 74-75, 78o, 78u, 79, 80, 82o, 83, 84, 86, 87ol, 89, 90, 94o, 95, 96-97, 98, 101, 102, 104o, 104u, 105, 106, 107, 109, 110u, 112, 113, 114o, 114u, 115, 116, 118o, 120o, 120u, 122, 123o, 125, 126, 127, 128-129; © Musée du Louvre (Vertrieb RMN-GP)/Angèle Dequier/© Cy Twombly: S. 7; © Musée du Louvre (Vertrieb RMN-GP)/Hughes Dubois: S. 20o, 22u, 24o, 24u, 25; © Musée du Louvre (Vertrieb RMN-GP)/Philippe Fuzeau: S. 43u, 76, 140o; © Musée du Louvre (Vertrieb RMN-GP)/Daniel Lebée und Carine Deambrosis: S. 42l, 42r, 44; © Musée du Louvre (Vertrieb RMN-GP)/Antonin Mongodin: S. 56o; © Musée du Louvre (Vertrieb RMN-GP)/Thierry Ollivier: Umschlagrückseite (*Kopf Rampin*), S. 40-41, 43o, 47u, 137, 142u, 144o, 145; © Musée du Louvre (Vertrieb RMN-GP)/Pierre Philibert: S. 29; © Musée du Louvre (Vertrieb RMN-GP)/Georges Poncet: S. 28u, 33o, 34u, 38, 119; © Musée du Louvre (Vertrieb RMN-GP)/Étienne Revault, 1998: S. 4, 6, 146-147; © Musée du Louvre (Vertrieb RMN-GP)/Philippe Ruault/©Mario Bellini und Rudy Ricciotti: S. 18-19; © Musée du Quai Branly (Vertrieb RMN-GP)/Hughes Dubois: Umschlagrückseite (*Frauenfigur*), S. 158o, 159o, 159c; © RMN-Grand Palais (Musée du Louvre)/Daniel Arnaudet: S. 123u, 149o, 151u, 152o, 152u, 155; © RMN-Grand Palais (Musée du Louvre)/Jean-Gilles Berizzi: S. 72r, 85, 87u, 124, 150o, 150u, 153, 154o, 154u; © RMN-Grand Palais (Musée du Louvre)/Philippe Bernard: S. 10u; © RMN-Grand Palais (Musée du Louvre)/Gérard Blot: S. 39, 60u, 66o, 72o, 81, 82u, 88o, 103, 108u; © RMN-Grand Palais (Musée du Louvre)/Gérard Blot/Christian Jean: S. 138o, 138u; © RMN-Grand Palais (Musée du Louvre)/Gérard Blot/Hervé Lewandowski: S. 45; © RMN-Grand Palais (Musée du Louvre)/Gebrüder Chuzeville: S. 30u, 37, 148; © RMN-Grand Palais (Musée du Louvre)/D.R.: Umschlagrückseite (*Anne de Montmorency*), S. 8-9, 48o, 132u, 149u, 151o; © RMN-Grand Palais (Musée du Louvre)/Béatrice Hatala: S. 100u; © RMN-Grand Palais (Musée du Louvre)/Christian Jean/Jean Schormans: S. 51u; © RMN-Grand Palais (Musée du Louvre)/Christian Larrieu/© Ieoh Ming Pei: S. 2; © RMN-Grand Palais (Musée du Louvre)/Thierry Le Mage: S. 130; © RMN-Grand Palais (Musée du Louvre)/Hervé Lewandowski: S. 10o, 11, 20u, 21, 32o, 32c, 46, 47o, 48u, 50o, 50u, 51o, 66u, 110o, 111, 136o; © RMN-Grand Palais (Musée du Louvre)/Hervé Lewandowski/René-Gabriel Ojéda: S. 49; © RMN-Grand Palais (Musée du Louvre)/Hervé Lewandowski/Franck Raux: S. 14; © RMN-Grand Palais (Musée du Louvre)/Stéphane Maréchalle: S. 65, 71, 94u, 136u, 142o; © RMN-Grand Palais (Musée du Louvre)/René-Gabriel Ojéda: S. 12u, 35, 88u, 92, 99, 117, 140u, 141, 144u; © RMN-Grand Palais (Musée du Louvre)/Franck Raux: Umschlagrückseite (*Hockender Schreiber*), S. 12o, 13, 15, 16o, 16u, 17, 31, 64o, 100o; © RMN-Grand Palais (Musée du Louvre)/Michel Urtado: Umschlagvorderseite, S. 58, 77, 91; © RMN-GP (Musée du Quai Branly)/Daniel Arnaudet: S. 159u; © RMN-GP (Musée du Quai Branly)/Jean-Gilles Berizzi: S. 158u.

Pour la présente édition
© Réunion des musées nationaux–Grand Palais, Paris, 2017
ISBN : 978-2-71187-241-1
GK197241
© Musée du Louvre, Paris, 2017
ISBN : 978-2-35031-434-1
Pour la première édition
© Éditions Artlys, Paris, 2013
© Musée du Louvre, Paris, 2013
ISBN : 978-2-35031-434-1

Musée du Louvre
Jean-Luc Martinez
Generaldirektor
Hervé Barbaret
Generalverwalter
Claudia Ferrazzi
Stellvertretende Generalverwalterin
Juliette Armand
Direktorin für kulturelle Produktion
Violaine Bouvet-Lanselle
Herausgabeleitung

Réunion des musées nationaux–Grand Palais
Sophie Laporte
Directrice des Éditions
Muriel Rausch
Cheffe du département du livre
Lucile Desmoulins
Éditrice
Catherine Enault
Maquettiste
Hugues Charreyron
Chef de fabrication

Établissement P & J
Grafischer Entwurf

Fotimprim
Fotogravur

Druckschluss Februar 2019 in Gent durch Graphuis
Hinterlegung der Pflichtexemplare: März 2019